佳教有方丛书

叛逆
来源于成长

小学生家庭教育宝典

陆士桢 宣飞霞 著

中国少年儿童新闻出版总社
中国少年兒童出版社

北 京

图书在版编目（C I P）数据

叛逆来源于成长 / 陆士桢，宣飞霞著. —北京：中国少年儿童出版社，2014.4
（佳教有方）
ISBN 978-7-5148-1599-3

Ⅰ.①叛… Ⅱ.①陆… ②宣… Ⅲ.①小学生－家庭教育 Ⅳ.①G78

中国版本图书馆 CIP 数据核字（2014）第 053461 号

PANNI LAIYUAN YU CHENGZHANG
（佳教有方）

出版发行：中国少年儿童新闻出版总社
中国少年儿童出版社
出 版 人：李学谦
执行出版人：赵恒峰

著　　者：陆士桢
宣飞霞
插　　图：徐永林
责任校对：夏明媛
责任编辑：白雪静
执行编辑：纪　旭
装帧设计：刘玉兰
责任印务：任钦丽

社　　址：北京市朝阳区建国门外大街丙 12 号
邮政编码：100022
总 编 室：010-57526071
传　　真：010-57526075
发 行 部：010-57526568
h t t p：//www. ccppg. com. cn
e-mail：zbs@ccppg. com. cn

印刷：北京友谊印刷有限公司

开本：880mm×1230mm　1/32
印张：4.875
2014 年 4 月第 1 版
2014 年 4 月北京第 1 次印刷
印数：8000 册

ISBN 978-7-5148-1599-3
定价：12.00元

写在前面

随着孩子的出生，带给父母的是无限的乐趣。当然，随之而来也出现了诸多的困扰与无奈。儿童的成长是一个特别复杂的事情，更何况我们正处于这样快速发展与激烈变化的社会变革之中。越来越多的事例表明，过去那种以社会影响的主渠道为主，父母的无意识教育为辅的儿童教养模式早已失去了现实意义与可行性。父母的主动、有意识、科学的教育不仅是时代趋势，也实实在在地成为当代少年儿童健康成长的必要条件。

本书按照学龄前、学龄期和青春期这三个阶段，从一个孩子作为一个生物个体，成长为合格健康的社会人的最主要方面提出一些建议，内容涉及社会道德发展、行为习惯的养成、情绪心理的成熟、人际关系能力的提高和智力开发五个方面。这其实正是一个孩子成长为一个独立的社会人的最主要的发展元素，也是家庭教育应该关注的问题。

一个教育工作者曾经无奈地描绘了目前学校、家庭、社会教育的错位：教师忙着教孩子穿衣服、扣扣子；父母忙着帮孩子默写生字、改算术题……那么，在孩子的成长过程中，父母应该在哪些方面对孩子实施教育和影响？家庭教育过程中父母究竟应该做些什么？怎样才能做得更好一些？本书将给大家提供一些可以操作的建议。

特别说明，宗君、孙晶晶、李月圆等也参与了资料的收集和整理工作，对此书亦有贡献。

目 录

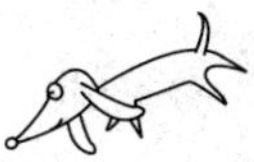

第一章 什么是好，什么是坏，什么是对，什么是错——生命中的基础价值在家庭与社会的碰撞与交融中萌芽 …… 1

“儿童的世纪”的家庭教育原则 …… 2

学龄儿童道德发展水平 …… 3

家庭里孩子道德教育的一般方法 …… 5

学龄期父母的榜样最重要 …… 7

是否善意地扼杀了孩子的理想 …… 9

培养孩子的爱国情操 …… 12

为孩子选好榜样 …… 18

孩子不守校规怎么办 …… 20

孩子自私、任性怎么办 …… 22

百行孝为先 …… 24

孩子的“两面”行为能转变 …… 26

孩子太自大、爱吹牛怎么办 …… 29

教孩子正确对待表扬 …… 30

孩子索取无度怎么办 …… 32

孩子过于好胜怎么办 …… 34

孩子不接受批评怎么办 …… 36

如果家长有缺点、有错误怎么办 …… 38

第二章　从小形成的行为模式影响一生——习惯养成的关键阶段 …… 41
好习惯能使孩子终身受益 …… 42
孩子不懂礼貌怎么办 …… 44
如何让恼人的小动作消失 …… 47
孩子邋遢、不做家务怎么办 …… 49
孩子赖床怎么办 …… 51
孩子不承认错误、总犟嘴怎么办 …… 53
孩子总喜欢依赖别人怎么办 …… 56
培养孩子自我保护的好习惯 …… 58
孩子不爱说话怎么办 …… 60
孩子有攻击性行为怎么办 …… 62
如何让孩子改正讲粗话的毛病 …… 64
如何让孩子养成节约的好习惯 …… 66
孩子偷拿家里钱怎么办 …… 68
如何帮孩子戒掉网瘾 …… 70

第三章　训练思维，学会快乐——家庭是一个人个性和心理发展的摇篮 …… 74
如何培养孩子良好的个性品质 …… 75
教会孩子克服紧张情绪 …… 77
让烦恼远离孩子 …… 79
让孩子学会控制愤怒 …… 81
教孩子学会宣泄不良情绪 …… 84

当孩子面对挫折与失败时 …………………………………… 86
不屈不挠的毅力怎样培养 …………………………………… 89
人生无坦途 …………………………………………………… 91
多愁善感的孩子怎样才能坚强 ……………………………… 93
孩子自我中心意识过重怎么办 ……………………………… 94
帮助孩子克服猜疑的心理 …………………………………… 97
孩子的性格孤僻怎样纠正 …………………………………… 99
孩子做事偏激怎么办 ……………………………………… 102
教孩子克服胆怯 …………………………………………… 103
怎样培养孩子的竞争意识 ………………………………… 105
让自卑的孩子自信起来 …………………………………… 107

第四章　父母与偶像，谁的拉力更大——“叛逆”来源于成长 ………………………………………… 111
孩子越来越不听话为哪般 ………………………………… 112
孩子不听话如何应对 ……………………………………… 114
我到底应该听谁的 ………………………………………… 117
亲子沟通中常见的问题（一）…………………………… 119
亲子沟通中常见的问题（二）…………………………… 121
如何填补你和孩子间的“代沟” ………………………… 124
当孩子顶撞你时 …………………………………………… 125
孩子爱无理取闹怎么办 …………………………………… 128
让家庭成为孩子成长的乐园 ……………………………… 130
父母跟孩子说理的技巧 …………………………………… 132

孩子不愿交朋友怎么办 …………………………………… 134
消除孩子间误会的策略 …………………………………… 136
如何对待孩子中的“小团体” …………………………… 138
孩子过于追星怎么办 ……………………………………… 140
不要总对孩子进行横向比较 ……………………………… 143
参考书目 …………………………………………………… 146

第一章　什么是好，什么是坏？什么是对，什么是错
——生命中的基础价值在家庭与社会的碰撞与交融中萌芽

对于学龄期的孩子，不少家长把教育的重要目标放在智力开发，特别是学习成绩上；还有一些家长，觉得道德教育是学校老师的事，忽略了家庭里的思想道德教育；也有一些家长，把家庭里的道德教育简化为定期对孩子的教训、谈话。其实，一个人的道德状况实实在在地关系到其在社会生活中的适应程度。道德不仅是一种价值，同时也是一种生活行为模式，是一个人的社会情感的具体表现。较高的道德水平，从本质上讲，就是对社会生活积极适应的程度和水平较高；而不良的道德水平，反映的是对现存社会规则和整体运行体系的不适应。家庭是一个人道德能力或称规则能力的摇篮，生命中的基础价值就是在家庭与社会的碰撞与交融中萌芽、生长起来的。

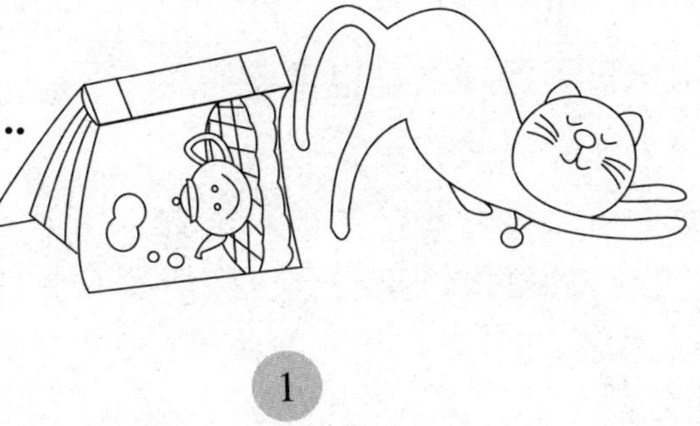

“儿童的世纪”的家庭教育原则

有人把20世纪称为“儿童的世纪”。获得这一称呼的根本原因在于一种全新的儿童价值观念，这其中与过去的最大区别就在于把儿童由“成人的附属物”真正还原于“独立的主体”。儿童的主体性影响了全社会的儿童事务，也势必影响到家庭教育。

阿德勒博士（1870—1937）是奥地利著名心理学家，也是世界上第一个开设儿童教育咨询所的精神病科医生。他在子女教育问题上总结出一套有效的方法。下面就是阿德勒博士提出的如何使孩子健康成长的20种方案。

- 评价孩子之前首先要好好观察孩子。
- 想了解孩子，父母首先应该跟孩子说话。
- 提高孩子自身的“自我评价”。
- 只看孩子的优点和能干的事情。
- 检查一下父母自身。
- 肯定孩子的现在是很重要的。
- 孩子在找自己的位置。
- 孩子对父母有秘密是很正常的。
- 给孩子的不应该是命令，而应该是方法。

- 孩子的行为所造成的不良后果也作为情报告诉孩子。
- 不给孩子灌输父母或他人对价值的判断。
- 对孩子的求知不要有问必答。
- 父母也可以向孩子要求协助。
- 父母和孩子之间互相信赖的关系比什么都重要。
- 让孩子自己做出决定。
- 让孩子说出自己的意见。
- 培养孩子的主动性。
- 在孩子的成长中失败的经验必不可少。
- 让孩子学习智慧比学习知识更重要。
- 没有必要把孩子委托办理的事情全部做到。

博士的建议看似简单，却是医治开放的现代社会家庭教育中无法回避的一些问题的妙药，也是我们面对学龄儿童进行教育的基本着眼点。

学龄儿童道德发展水平

学龄期泛指进入小学以后到青春发育期前的这一年龄段。一般是从六七岁至十一二岁。学龄儿童一般指进入小学阶段的孩子，他们的各种生理机能已基本成熟、稳定，认知能力加强，道德发展也有其鲜明的特点。了解学龄儿童的道德发展水平的特点和规律，对家长有针对性地进行家庭道德教育有很重要的意义。

道德认识缺乏原则性，道德理解较肤浅。随着认识能力的提高，学龄儿童的道德认识发展到一定水平，他们开始逐步学会运用自己已有的道德认识来判断自己和别人行为的对错，但是，他们这时候的道德认识还缺乏原则性，自己并没有一个恒定的道德标准。他们的道德观念主要受周围人的影响，比如家长、老师、一起玩耍的同学、朋友和伙伴。他们对道德的比较肤浅、表面的理解开始过渡到深入的、本质的理解，但这种理解还是以具体的道德行为和事件为基础，还不能脱离具体事件的支持，还缺乏普遍性。

言行出现不一致，但总体上来说比较一致。言行一致的现象逐渐发生变化，开始出现言行不一致的情况，但总的来说言行还是比较一致的。年龄小的孩子，行为比较简单外露，还不知道掩饰自己的思想情感，他们的道德行为主要遵从于家长和老师的要求。表面上是言行一致的，而且与家长和老师的要求也一致；随着年龄的增长，孩子逐渐学会掩饰自己的行为，也开始对别人的意见和看法进行分析，而不是不加思考地接受，因而他们不仅有时候自己的言行不一致，还可能与家长和老师的要求不一致。

形成自己的道德观念。学龄儿童开始形成自己的道德观念和看法，他们开始自觉地以自己的道德观念来控制自己的行为，开始有自觉性，能够自觉地遵守纪律。

越具体的形象，越易受感染。学龄儿童在体验道德感的不同表现形式时，有着不同的水平。越具体的形象，越易受情感的感染。例如，学龄儿童对具体学校、家乡容易产生感情，而对爱国主义和国际主义的感情却较疏远。

逐步注重动机与效果的统一。在道德评价上，学龄儿童从只注意行为的效果逐步过渡到比较全面地考虑动机和效果的统一关系。自觉地运用道德认识来评价和调节道德行为的能力，是从小学时期才逐步开始形成的，这是学龄儿童道德认识发展的重要特征。而评价能力的发展又有一个过程，有水平的差异。一般来说，小学低、中年级的学生，在评价道德行为时，往往依赖老师、家长，易受暗示。评价结果往往也带有片面性。在教育的影响下，到了高年级，孩子评价道德行为才逐渐注意到行为的动机。

学龄期是孩子品德发展的关键期。在这一时期，一些孩子的道德观念发展得很好，出现了质的飞跃；而另一些孩子则由于受到不良影响或者没有受到良好的教育引导，从而出现问题。

家庭里孩子道德教育的一般方法

学龄儿童正处在人生成长的关键期，这一时期的品德培养对他们来说至关重要。家庭作为社会的“基本细胞”，对孩子的品德培养具有特殊的优势。那么，家长应如何培养孩子的良好品德呢？

形成正确的家教观。《新三字经》里说：“人之初，如玉璞，性与情，俱可塑。若不教，行乃偏。教之道，德为先。”家庭教育须以德为先，促使孩子全面发展，要走出“重智育、轻德育”的误区。如果在家教观这个根本问题上出了偏差，孩子就会不可避免地出现品德问题。是要你的孩子获得世俗所谓的“成功”呢？还是要一个健康快乐的社会人？这是不少家长每日每时都面临着的尖锐问题。

以身作则。子女最信赖的莫过于父母，父母的一言一行、一举一动，都对孩子有潜移默化的影响。如果家长把教育的目标指向孩子，自己的言谈举止却与教育目标背道而驰或完全不一致，这样的教育不仅达不到预期目的，更会促成孩子形成不良品德。

将孩子的品德问题解决在萌芽状态。如果父母对孩子的小毛病不在意，偶然的过失不理会，孩子的品德问题就会越聚越多，最终必然导致质的变化。那时父母再来大抓特抓，恐怕是“亡羊补牢”为时太晚了。

积极支持、鼓励孩子投身社会实践。让孩子在学校、社会等各项公益活动中磨炼意志，陶冶情操，消除“自我”意识，自觉融入社会，从小培养“我为人人”的意志品质。当孩子在实践中遇到困难难以坚持时，家长应该成为孩子有力的后盾。父母千万不要因为怕孩子受苦，就让他放弃在社会中的磨炼。

善于捕捉教育时机。教育必须把握教育的时机，如果不分时间、地点和场合，就会引起孩子的反感。家长苦口婆心地说，孩子却当作耳边风，有时甚至出言顶撞，这样的教育不仅不会有好的结果，反而为进一步的教育设置了障碍。因此，家长应该针对孩子的思想实际，结合孩子的实践活动，进行相关内容的教育。比如，在孩子得到别人帮助的时候，及时对他进行互相关心、互相帮助的教育。

道德教育语言要浅显明白。学龄儿童的理解能力还不高，他们很难理解深奥晦涩的道理。因此，父母在给孩子讲道理的时候，一定要注意这一点。要以浅显明白的语言深入浅出地讲道理，可以选取孩子身边的例子来说明，还可以适当地采用一些比喻，以使孩子能真正明白其中的道理。

保持宽容、理解的教育态度。很多家长都是高高在上地训诫孩子，从来没有低下身子来听听孩子是怎么说、怎么想的，这就使孩子觉得自己不被父母理解，觉得很委屈。因此，教育孩子时，家长应该多从孩子的角度想一想，理解孩子，包容孩子，这样才能使孩子心悦诚服地接受教育。

不要把责罚作为唯一的教育措施。让孩子自己意识到问题的重要性，意识到自己的错误，并进行深深地自责，远比父母的责罚要来得有效。理解和信任是对孩子积极的鼓励，只要孩子有进步的愿望，父母的理解和宽容都会促使他为了不辜负父母的期望而不断进步。

学龄期父母的榜样最重要

每位家长都知道自己是孩子的第一任教师，也都懂得“榜样的力量是无穷的”。如果我们请家长讲一讲怎么给孩子当好第一任教师，家长不一定能说得清楚。还会认为第一任教师就是督促孩子学好功课，孩子不懂的，家长讲给他听，孩子不会做的，家长教给他做；孩子有缺点、错误，家长要批评他、教育他；孩子有优点、进步，家长要表扬他。这些固然是重要的，但作为孩子的第一任教师，家长对于孩子的示范作用是全方位、立体化的。具体来说，家长应该成为孩子高尚精神的榜样、崇高人格的榜样、多种能力的榜样、健康生活方式的榜样。为此，家长应努力做好以下几方面

的内容：

正派上进。正派是一个人的基本社会品格。它需要有正确的人生观、是非观做基础。对社会上的丑恶现象，不但要分辨清楚，而且要疾恶如仇，该反对的反对，该揭发的揭发，能抵制的抵制。这样的态度在生活中应明显地表现出来，让孩子看得见、听得清，这对孩子的影响是巨大的。上进，既体现在工作态度上，也体现在思想作风上。家长虽然已成人，但上进心不能没有。家长不断地有所追求，不断地有新的进步，对孩子会有很大的激励作用。

勤俭自律。勤俭是立国、立身之本。勤俭是一种重要价值，也是一种行为习惯和一种生活方式。家庭生活的基本态度和状况，特别是在消费、劳动等问题上的态度和方法，直接影响着孩子的人生观念。同时，任何成功和进步都离不开自律精神。家长对自己是不是能严格要求并持之以恒，孩子会看在眼里，记在心上。自律，是人的意志品质的反映。如果家长抵制不了花花世界的诱惑，经常放纵自己，说话不算数，是不可能教育好自己的孩子的。

求知善思。家长都希望孩子的学习成绩好，但却忽略了家长自身的学习状态对孩子的巨大影响。渴求知识，善于思考，这是人们开阔视野、建立良好知识背景、创造性地解决问题的前提。如果家长是懒人，你对孩子说再多“要好好学习，多动脑子”的话，恐怕也无济于事。因为，在父母身上，孩子看不到知识的力量，看不到努力学习的榜样，也看不到开动脑筋的效果。

文明友善。社会上，没有人会喜欢不文明、不友善的人。社会犹如一个大家庭，文明友善的人受人尊敬，受人欢迎，人们愿意与他交往，这就为他的成功创造了更为有利的条件。家长讲文明、懂礼貌，孩子也就会学着家长的样子做一个文明的人。家长待人友善，团结亲友、邻里、同事，乐于助人，孩子也能学会与人友好相处，多做好事。有些家长不重视文明礼貌，只顾自己，对别人冷漠，这对孩子的成长非常不利。

民主乐观。家长要讲民主。家庭里要养成民主议事的习惯，特别是家长要尊重孩子独立的人格，给孩子说话的权利和参与家庭事务的权利。讲民主并不是全听孩子的，全听孩子的会走向放任，要宽严有度。而乐观是一种品质，是心胸开阔、勇于面对现实、正确对待顺境与逆境、充满自信、有幽默感等多种素质的综合表现。在坎坷的生活中，做到乐观并不容易，需要不断地磨炼。家长的乐观品质会潜移默化地传导给孩子，对孩子的一生意义重大。

是否善意地扼杀了孩子的理想

父亲和孩子坐在一起看电视。孩子见屏幕上的那个律师很有威严和气派，他口若悬河，滔滔不绝，一会儿引经据典，一会儿举例说明，说得大家都点头称是，敬佩之心不禁油然而生，便转身对父亲说：“爸爸，我以后也要当个律师。”父亲立即说：“好啊！我支持。不过，当律师可不容易，必须熟悉很多法律法规，许多条文都必须背得滚瓜烂熟，如果磕磕巴巴，有谁会请你呢？可你，现在连书都懒得背。你想当律师，从现在起，我看就要每天背一首诗，先把记忆力练好。”听父亲这么一说，孩子就不作声了，心里却在想：那我还是不当律师算了。

在这个例子中，父亲对孩子的理想是热情支持的，但从客观效果来说，实际上却是扼杀了孩子的理想，最终主观愿望和客观效果完全相反。每个孩子都有自己的理想，但理想的确立需要一个渐进的过程，即从有一个初步设想到牢固树立的过程。在它的萌发之初，需要点拨和引导，需要精心呵护。对孩子的理想，父母不理不睬是错误的，拔苗助长也是错误的。

作为孩子的父母，应该如何帮助孩子树立理想呢？

热情支持。孩子在接触各种新鲜事物时，会自然而然地萌发自己的理想。对孩子的理想，父母如果觉得是合理的，就应给予支持，不是简单地说句好，也不是马上提出要求，需要认真精心地予以引导。

支持要讲究方法。支持要讲究方法，必须充分考虑孩子的心理准备和接受能力。对孩子刚刚萌发的理想之苗，父母动辄苛以参天大树般的要求，这无异于拔苗助长。带孩子去看一看理想职业的工作情况，帮助孩子收集理想职业发展的资料，看电视、电影碰到孩子理想职业的人物多议论议论，都不失为一种得体支持的方法。

充分理解和支持孩子。真正的支持应该建立在对孩子的充分理解和尊重的基础之上，必须以孩子的现实准备为前提，然后进行适当的启发和诱导，不是说教，不是命令，也不是趁机提条件。比如，当孩子提出以后想当律师时，你不妨这样说：“看来，当律师倒是很不错的。那你说，那个律师为什么说得那么好，让那么多人都惊叹不已？不知道他小时候读书怎样？”让孩子自己去思索；或者也可以这样说：“想不到你想当律师，这个理想好！我支持。孩子，你想想，当律师需要什么才能？”

科学引导理想的萌发与生长。尊重孩子自己的兴趣爱好，因势利导地引导孩子去追求自己的目标，实现自己的理想，可以把孩子对理想的憧憬转化为他学习的动力。

不要期望过高。父母过高的期望、过大的压力也会使孩子无望，而无望中的孩子长期看不到前途，内心会变得十分脆弱，甚至会发生心理畸形，以致走向绝望，甚至走向暴力。“望子成龙”不能“逼子成龙”。父母更不能把自己对孩子未来发展的愿望强加给孩子，以自己的理想代替孩子的理想。

“望子成人”更重要。“望子成龙”无可厚非，“望子成人”更加重要。孩子的理想是会随着社会经验的丰富而不断变化的，而且会从职业理想开始，逐渐发展到道德理想，再而发展到社会理想，即我长大以后干什么工作？到我要成为一个什么样的人？再到我希望生活在一个什么样的社会里，我为建设一个什么样的社会而努力？孩子正是在这样的追求中逐渐成长的。因此，家长对孩子理想的引导教育的核心是培养什么样的人，家长的责任是教会孩子怎样做人。不管孩子将来能成就什么，我们首先是要他“成人”，要使孩子懂得一个公民应尽的责任是什么，这才是现代家庭教育的第一要义。

培养孩子的爱国情操

荣辱观是人们对荣誉、耻辱的根本看法和态度， 每一“荣”，每一“耻”都关系着坚持什么、反对什么，倡导什么、抵制什么，关系到是非、善恶、美丑的界限。在社会上构建“八荣八耻”的道德体系，关系到国家的前途和人民的幸福，在家庭里树立“八荣八耻”的行为准则和家风，也必然关系到家庭里每个人的命运，关系到后代的健康发展与成长。

小燕是个 5 岁多的漂亮小女孩，伶俐乖巧。一天，小燕跟妈妈说，幼儿园老师给他们讲要热爱自己的祖国后，小伙伴们争论了好长时间，谁也说不清什么是祖国。有的说，祖国就是大高楼，又高又大；有的说，祖国就是人，一大群人；还有的说，祖国表示说不同的话；立刻就有小朋友说不对，因为好多国家说一样的话……

爱国主义教育是个很大的题目，而家庭里的爱国主义教育必须充分注意到家庭这一特殊的教育环境，还要充分注意不同年龄的孩子具有的不同认知水平和特点，注意运用日常生活中随时可见的多种教育元素，使家庭里的爱国主义情怀伴随孩子的每一步成长。

在大多数家庭里，爱国主义教育的内容可以从如下几个方面去着手。

明确爱国主义的内涵。没有一个人可以离得开国家，国家在我们每个人的生活中，也在我们每个人的心里。但祖国究竟是什么呢？对于一个人来说，祖国首先代表地球的一个地方，那个地方的一切，高山大海、原野河流，地下矿藏、地上鸟兽，都和自己息息相关，都深深地刻印在自己生命的轨迹之中。爱祖国，爱的就是这一条条大河、一座座高山。祖国还代表着一个人群，一个有着和自己血肉相连、处处相依的团体。爱祖国，就是爱自己的兄弟姐妹和亲戚朋友，爱我们共同的祖先和共同度过的历史。祖国还代表一种文化，国家与民族相连，每个民族都有自己的文化。爱祖国不仅要了解民族的语言习惯、服饰、风俗习惯，更重要的是要认同民族传统的价值观念、思维方式和行为准则。情感是个既抽象又具体的东西，人们常常可以忍痛和一种生活告别，却很难割舍一份情感。爱祖国，就是对这块土地的眷恋，对兄弟姐妹的不舍之情，对精神母亲的依恋。祖国同时也是一种现实，是一种制度。社会主义是建立在马克思主义学说上的一种社会制度，它的根本的优越性在于制度背后的价值观，在于人类千百年来苦苦追求的社会价值——平等与公正。爱祖国就是对现存国家社会制度价值的接纳和认同。只有充分认识爱国主义教育和爱国主义丰富的内涵，家庭里的爱国主义教育才能真正充实有效。

家长需要重视自己的道德修养，树立爱国主义的价值观念和情操。对国家、民族的感情是一种复杂的情感，但又是最普通、最平常的，是融入一个人日常生活每一言、每一行之中的。应该看到，近些年来，在一部分成人中间，国家的观念淡薄，个别人甚至做出损害国家利益的事来。特别是未成年人中间在国家观念和情感上的一些错误认识和问题，主要来源于社会，来源于成人世界。在家庭中，一个平日里牢骚满腹，对祖国的恶言恶语随口而出，对民族文化毫无感情，甚至诋毁、诬蔑的人，给自己孩子的，只能是扭曲了的国家观念，在这样的家庭里，是不可能对孩子实施爱国主义教育和影响的。因此，提高家长自身的爱国主义素养，是家庭爱国主义教育的前提和基础。

在生活点滴之间传递爱国主义的价值观念。以热爱祖国为荣，以背叛祖国为耻，是一种爱国主义的价值观念，而这种观念是由很多具体的，甚至很细小的行为及其判断而逐渐形成的，这些行为和认识就存在于家庭的日常生活之中。因此，在日常生活中的小事上处处有意识地传播爱国主义观念，是为人父母者的责任，也是培养孩子爱国主义情操的主要方法。例如，家庭旅游时、学校组织旅游活动前，父母可以有意识地启发孩子去认识祖国河山之美；家庭团聚、朋友聚会、学校少先队组织开展活动时，特别提醒孩子去体会亲情友情和团体之情；看展览、读课外书，甚至每天看电视节目时，父母要尽量安排与孩子讨论的环节，明是非，辨荣耻，点滴之间传递爱国的观念；遇人遇事，父母可以多一些和孩子的沟通及讨论，多一些机会让孩子接触民族的、传统的历史和文化，这些看似小事小节的行为，都是对孩子进行国家观念教育的好机会。这样的教育，润物细无声，与生硬的、死板的教诲相比，孩子对爱国主义理念的理解是具体的、生动的、活生生的，这样的教育往往能够事半功倍。

重视爱国情感的熏陶和培养。爱国是一种社会价值，但对一个社会个体而言，它更是一种真实的情感。运动员获得世界冠军，在五星红旗冉冉升起时，往往会泪流满面。此时，国家不再是一个简单的符号，爱国也不再是干巴巴的道理，其澎湃的情感、蕴含着的丰富的内容，激荡着每一个人的心田。家庭是一个人情感发育的基地和摇篮，更是一个人爱国主义情感的最主要的，也是最基础的发生地。培育爱国主义情感要主要抓住三个环节：一是要充分利用社会环境中爱国主义的情感元素，使之对孩子的爱国情感养成起到渲染、感动、激发、加强等作用；二是要善于制造情绪场景，无论是参加集会的准备，还是家庭物件的摆设，都应该让孩子感受到一种氛围，让孩子在接受价值观念的同时，心灵也能够受到震撼；三是在日常生活中调动孩子的情感素质，注意激发孩子的情感状态，利用一切机会有意识地培养孩子表达、调整情感的能力。这对于爱国主义教育特别重要，对一个人的健康成长更是意义重大。

引导孩子践行爱国主义精神，在实践中培养孩子的爱国主义思想品质。爱国是价值，是情感，在某种意义上说，也是一种行为能力。特别是对于今天的孩子来说，生活在多元化的意识形态下，正规教育体系的主流价值灌输，其影响力日渐减弱；而非主体、非主流的社会信息丰富多彩，影响巨大。再加上开放的社会造就了当代少年儿童的自我意识、独立意识和批判精神，简单的观念灌输和强制性的行为约束往往会引起他们的反感，教育效果不理想。实践体验在家庭爱国主义教育中就显得特别重要。平时的学知识、长身体，可以挖掘其中的目标和意义，引导孩子树立为祖国繁荣发展而努力的思想。参加一次社会公益劳动，植树节在郊区种上一棵树，帮助社区里一位需要帮助的邻居，创作一幅歌颂祖国新风貌的作品，等等，都是孩子们可能完成的爱国行为。父母对孩子进行积极引导，孩子们就会在这些实践活动中获得书本上无法得到的东西。爱国行为具有利他和自觉两个特点，这也是家庭里实施爱国主义教育实践时应该注意的问题。

为孩子树立人生的榜样，通过榜样提高孩子的爱国主义品德。对于未成年的孩子来说，榜样具有特别重要的作用。孩子的人生理想、道德标准、社会追求，往往与他选择的榜样紧密相连。在今天这样一个开放的社会里，儿童的榜样也呈现出多元化的状态。一些正面的英雄人物的形象失去了往日对孩子们强烈的吸引力，如何让主流的榜样发挥积极的作用，是实施有效爱国主义教育的关键之一。首先，应该注意树立时代感强的、与孩子生活实际贴近、孩子们感兴趣的榜样人物，如体育明星、航天英雄等，这些易激发孩子们的崇敬感，让孩子感受他们的爱国情怀；其次，学习过去年代的爱国人士，一定要结合学习历史，帮助孩子在历史环境中认识英雄的信仰和高尚品质；再次，深刻挖掘英雄人物的内在精神，尽可能以孩子的视角和思维特征去认识英雄人物的行为，把榜样与孩子实际真正连接起来；四是运用家庭生活亲密、随时、琐碎等特点，把爱国主义的榜样尽可能生活化、具体化、儿童化，从小事、小节、细致具体的行为入手，学习榜样。

善用引导、激励、奖惩等手段，强化家庭爱国主义教育的效果。家庭里的爱国主义教育虽然不那么正规，但一些教育手段的运用还是十分必要的。孩子作为成长中的个体，其思维方式与成人有很大区别，他们的行为动机往往比较简单，为祖国、为人民的概念是要在不断强化中伴随着思维能力和认知能力的不断发展，才能真正确立起来的。所以，要经常使用激励甚至惩罚等手段，去强化其正确的行为，鼓励其积极思维，去抑制其消极的行为和思维模式的形成。例如，当孩子表现出愿意参与某一项社会服务活动时，当孩子把自己的学习生活与未来连接、充满向往时，父母就要给予积极鼓励或奖励。一开始，孩子可能就是为了奖励而去完成这些行为，但久而久之，就会逐渐养成一种从他人和社会角度去思考价值的思维定式，养成乐于服务社会、服务他人的行为模式。有些家长习惯于给孩子讲大道理，孩子会因为不理解而拒绝，甚至会因被迫行为而养成说一套做一套的恶习，这是最失败的教育。

爱国主义教育是一个大题目，但爱国主义情怀却是一个孩子正常发展的基础和前提。有的时候，一些家长把精力和注意力全部放在孩子的身体健康和学习成绩上，以为只要把这两点抓好了，孩子的前途就有保证了。这是极大的误区，因为没有一个人可以离得开国家，国家在我们每个人的生活中，也在我们每个人的心里。传统作为一个国家一个民族的精髓，似乎很抽象，看不见摸不着，但却让一个人在不经意处闪现出它的痕迹。一个没有国家概念的人，一个对国家没有情感的人，怎么能够快乐和发展呢？

为孩子选好榜样

常听见一些家长谈起自己的孩子时，总说孩子现在小小年纪就不学好，就知道这个明星、那个明星，还学明星的样儿穿奇装异服，话也不好好讲，净带着些港台腔，实在很让人担心。

这些家长的担心不无道理。学龄儿童的模仿能力强，榜样的作用是十分巨大的，好的榜样是前进的动力，坏的榜样却容易将人引入深渊。因此，家长要充分利用榜样来引导孩子，培养孩子形成良好的道德品质。榜样可以选择英雄人物，也可以选择历史故事、民间传说或童话故事里的人物，也可以选择孩子身边的人物，如同学、邻居以及亲戚家里的哥哥姐姐等，父母本身也是孩子模仿的榜样。选择榜样要注意以下几点：

注意榜样的典型性。选择富有吸引力、感染力、号召力的典型形象作为榜样，才能使孩子受到充分的感染和激励。教育孩子要诚实，可以给孩子讲列宁打碎花瓶和华盛顿砍掉樱桃树的故事，这是孩子在课堂上学到的故事，孩子容易接受。

注意榜样的接近性。选择身边的同学、老师作为榜样，能使孩子感到亲切可学、心服口服。对于一些孩子来说，选择传说和故事中的人物或者伟人作为榜样难以起到教育的作用，他们执拗地认为现实生活中没有这种事情发生，普通人不会这么做。对于这些孩子来说，周围和身边的人物的行为是最具有说服力的。另外，由于其他榜样离孩子的生活毕竟比较遥远，孩子只能依靠父母的讲解来理解这些榜样。而且学龄儿童的理解能力有限，很多时候，他们并不能真正理解这些榜样。因此对于学龄儿童来说，具体可见的行动最具有说服力，因此也最具有教育作用。所以家长一定不要忽视发生在孩子周围的好人好事，更不要忽视自己的言行给孩子带来的影响。

注意榜样的针对性。选择榜样一定要注意榜样的针对性，有的放矢地进行引导，方能取得教育实效。榜样一定要结合孩子当前的思想实际，具有父母希望孩子养成的良好品德，而且这些品德要通过种种具体的行为得以体现出来。例如，教育孩子要乐于助人，就可以选择志愿者日、植树节等，带孩子参加活动，亲身践行服务精神、志愿精神。

注意榜样的适应性。有些模范人物的产生有其特有的环境，我们在教育孩子学习榜样时，重点是要学习他们所体现出来的精神，而不是在行为上的简单模仿。例如，给孩子讲《凿壁偷光》《头悬梁、锥刺股》的故事，是要让孩子学习他们的精神，而不是真的要去凿壁偷光、悬梁刺股。

注意对榜样的理解。为孩子选择榜样时，要引导孩子对榜样进行深入理解，明白为什么要向榜样学习，向他学习些什么，怎么学习，等等。甚至可以让孩子对榜样挑刺，了解人无完人，自己只要努力，就可以做得更好。

注重与孩子对时代的感悟相联系。要选择有时代感的榜样人物，比如航天英雄、体育明星等，这些榜样对孩子影响很大，挖掘这些人物的精神内涵，容易引起孩子的兴趣。

孩子不守校规怎么办

“是小明妈妈吗？我是小明的老师，能不能和您谈谈小明的问题。”接到老师的这种电话，真是叫妈妈心里七上八下的。孩子自从上学后，就麻烦事不断，老是违反校规，让家长十分头疼。如何培养孩子养成遵守纪律的美德，成了这些父母的一个大问题。

让孩子明白问题的严重性。在这一问题上，父母不必太过惊慌，当然也不能置之不理，重要的是必须让孩子明白，父母会和老师联系，他如果在学校不好好地管理自己，回到家就得接受惩罚。孩子自然会注意自己在学校的言行，不希望从老师口中听到任何与他有关的坏事情。

不要过度反应。父母在家大发雷霆或用严厉的方式惩罚孩子的行为，无法让孩子学到如何遵守校规，反而让孩子对家长躲得远远的，并增加心中的怨恨。父母与其临场发飙失控，不如订立合理的规则，让孩子事前就知道遵守校规的好处和违反校规的下场。

在家制订家规海报。将家中确定的重要规则，以正面叙述的方式写下来公告在墙上，孩子看得到，就会加深印象，提醒自己切实遵守。此外，要切实执行家规。一个在家循规蹈矩的孩子，通常也比较能接受、遵守学校的规定。

建立明确的赏罚制度。根据老师在联络簿中对孩子行为的描述，父母可以在家订立赏罚制度。孩子遵守校规时，满足他的一些小愿望。比如一个小礼物、一次出游等。

适当的惩罚。可以让孩子做一些“惩罚性工作”。这是对犯了校规的孩子最适当的惩罚。请孩子做事情来弥补过失，不但具有建设性，完成工作以后，孩子也会比较安心，觉得自己还不至于一无是处。

不要在孩子面前批评学校。有些父母觉得孩子所犯的校规很无聊，没有遵守的价值，甚至在孩子面前说三道四。其实父母应该明白，父母不同意某项校规，并不意味着孩子就可以不遵守它。与其鼓励孩子挑战校规的适用性，不如教导他遵守校规的重要性和校规存在的原因。

赞美。无论在家里或是在学校，如果孩子遵守规则，父母要及时赞美他：“你遵守了这条规则！真棒！”增强他日后继续努力的动力。

以身作则。如果父母时常讽刺各种规定，孩子也会对规则嗤之以鼻。如果父母时常犯规，就无法让孩子相信“遵守规则很重要”。因此，当父母守规则的时候，例如：红灯停，绿灯行。利用这个机会教育孩子，让他知道，无论大人还是小孩儿，都必须遵守规则。

善用家庭联络簿。如果孩子不断触犯校规，父母要善用联络簿和老师保持密切的联系，要让孩子知道，他在学校的言行无法躲过父母的耳目，而且父母会配合学校对孩子给予奖励和惩罚。此外，通过联络簿，父母能了解孩子平时在学校的情形，才能正确评判他违规的前因后果。

孩子自私、任性怎么办

“孩子太任性、太自私，一点儿都不体谅我们大人，有时气得你掉眼泪他也无动于衷。”大凡对他人缺乏理解、关心和体谅的孩子都表现为任性和自私，其实这也是他对别人缺乏爱心的具体表现。造成不少青少年情感冷漠缺乏爱心的原因很多，归纳起来主要有以下几点：

家庭溺爱。现在绝大多数少年儿童是独生子女，家庭中几代人的宠爱倾注于一身，事事以孩子为中心。久而久之，孩子认为这一切理所当然，会逐渐形成只顾自己不顾他人的自私心理和行为习惯。

单向施爱。“四二一”家庭结构，对孩子的情感投入往往呈单向输入，而不是双向交流，即只注意把爱倾注给孩子，而没有注意培养孩子也学会去爱别人。长此以往，孩子就形成一种思维定式：别人爱自己是应该的，而不懂得去付出爱，不知道去关怀自己的父母、家人和同伴，更不会去体谅他人的痛苦与欢乐。

回报心理。不少家长以为自己如今百般疼爱孩子，孩子将来长大后必定会回报父母。事实上从小一味被溺爱且养尊处优、唯我独尊的孩子，长大后很难回报父母，因为他只学会了接受爱，而不知道付出爱。

那么，如何培养这些孩子的爱心呢？

多与孩子进行闲谈式的情感交流。任性自私的习惯一旦养成，“我”字当头，自我情感体验（高兴、不高兴）意识特别强，在这种情况下，情绪化的说理教育会令他反感，容易产生心理抵触情绪。因此要采取闲谈式，即家长尽可能创造或利用与孩子相处的机会（吃饭、旅行、逛街等等），不失时机地与孩子进行闲谈，将实质上的有意识淡化在形式上的自然随意上。可以谈些孩子感兴趣的事情，缩小彼此的距离，并适时地抓住孩子谈话中某些可以“抒发情感”的内容，真诚地道出自己的心理感受，显得自然得体，也给孩子创造了一个了解父母情感世界的机会，为此而产生对父母的亲近感和朋友式的信任感，而建立在这种关系下的说服教育也易于被孩子接受，作为回报，他也会在日常活动中表现出理解、合作的精神。

当好孩子的榜样。家长对他人的爱心言行，会潜移默化地影响着孩子。如果家长既能用有声的爱心语言（如“老人家，我来帮帮你吧！”）去强化孩子的爱的意识，又能以充满爱心的表率行为（如对自己父母公婆的态度等）导之以行，就能使孩子产生一种积极的仿效心理。

给孩子创造实施爱心行动的机会。如引导孩子主动帮助左邻右舍干些力所能及的事；或在家长生日时，暗示孩子来表达对父母的爱，比如说“后天是妈妈的生日了，我怎样才能感受到你也是非常爱妈妈的呢？”而当孩子付出行动后，父母以微笑的表情、赞扬的语气及时地给予表扬，能激起孩子产生一种关爱他人后的愉快的心理体验，并会产生不断进取的强烈愿望，以致逐步形成把关爱他人当作乐趣的相对稳定的健康心理。

创造一个温馨愉快的家庭氛围。父母是孩子的第一任老师，家庭是孩子的第一所学校，因此，家长有责任为孩子创设一个益于身心健康发展的和谐、幸福的家庭环境，使孩子在良好的环境熏陶下学会做人。

百行孝为先

我们从电视节目中看到：一个年仅三岁的小孩儿，在父母上班之后陪伴着瘫痪在床的奶奶。奶奶该吃饭了，他把父母做好温在锅里的饭菜慢慢端到奶奶床上；奶奶要解手，他把便盆送到奶奶身边。他为父母分忧，学会了做很多事情。

看着这样的报道，面对这样有孝心的孩子，许多为人父母者热泪盈眶。可在现实生活中，却有相当数量的孩子，不懂得孝敬父母、孝敬长辈。在有些独生子女家庭里，谁孝敬谁甚至出现了颠倒的现象，难怪有人半认真半开玩笑地说："孝子，孝子，孝敬儿子。"

让孩子明白，孝心是什么。孩子真正培养起孝心，对他是一种前进的动力。要从生活小事上帮助孩子逐渐理解孝心：

孝敬长辈，就应该听从长辈的教诲，不随便顶撞，有不同想法应讲道理；

孝敬长辈，就应该严格要求自己，体谅长辈的艰辛，尽可能少让长辈为自己操心；

孝敬长辈，就应该为父母分忧解难，在父母生病时，在父母有困难时，尽力去关心照顾父母、协助父母；

孝敬长辈，就应该在日常生活中自己照顾好自己，注意安全，要是外出时间较长，应及时向父母汇报情况……

总之，培养孩子的孝心，必须从小抓起。要让孩子明白，真正的孝心要体现在言行上。

培养孝心，首先要明理。要让孩子从小知道，孝心是中华民族的传统美德，没有孝心的孩子不是好孩子。还要让孩子知道怎样做才算是有孝心。要利用平时机会让孩子知道妈妈十月怀胎的艰辛，知道父母的养育之恩。有孝心的孩子，懂礼貌，责己严，为父母分忧解难。为了让孩子明白道理，父母可以多给孩子讲些古今中外孝老故事，让孩子通过形象去理解。

培养孝心，第二是给机会。这一点非常重要。真正的孝心要通过实践去培养。平时，孩子应分担家里的一些事情，让他负起责任来。遇到为难的事情，父母可以讲给孩子听，让他一起出主意想办法。长辈身体不舒服或生了病，告诉孩子应该做哪些事情，并付诸行动。久而久之，孝心就会在孩子身上扎根。

培养孝心，第三要定规矩。家里要有一些体现尊敬老人的规矩。比如有好吃的要先给爷爷奶奶，出门要和爷爷奶奶说再见，主动和爷爷奶奶问好，拿长辈的东西要事先征得同意……这些虽都是一些小事，却能在潜移默化中影响孩子，让他在行为训练中将孝心深植心中。

培养孝心，第四教育孩子以己推他，“老吾老以及人之老”。培养孩子的孝心不是狭隘地局限于家庭中的几个亲人，而是让他形成尊老爱老的好品质。出门坐车主动给老人让座，搀扶老人过马路等这些要成为孩子自觉自愿的行为。

培养孝心，第五是父母要做出好样子。父母对孩子祖辈的孝心如何，直接影响孩子，真孝心、假孝心，是骗不了孩子的。因此，为人父母要对自己的孝心做一番反省，在自己身上求真，孝心的种子才会播撒到孩子心里去。

培养孝心，第六是要在关心孩子过程中培养孩子的孝心。孝心是充满爱心的伦理行为，应该重视以情育情。孩子感受到父母的爱，自然会以同样的爱来回报父母。当然，家长的关心、爱心要适度、适时。

孩子的“两面”行为能转变

人们都喜欢诚实的人，讨厌有两面派行为的人。现在，有一些孩子表现出两面行为，说的是一个样，做的是另一个样；当面是一个样，背后是另一个样。家长对孩子的两面行为，既生气又着急，于是加大训斥、管教力度，结果有些孩子的两面行为不但没有改变，反而更加“巧妙”“高级”了。应该怎样认识这个问题，真正解决两面行为，使孩子变得诚实起来呢？

弄清楚孩子是否真在说谎。当怀疑孩子说谎时，父母首先应该仔细地调查了解，弄清楚孩子是否真的在说谎，说谎的原因是什么。小孩子说谎，是比较容易发现的，几句话就可以套出来。大一点儿的孩子说谎，往往能够骗到父母，因为孩子知道父母喜欢听什么话，他们会制造谎言，说得天衣无缝。遇到这种情况，家长应通过仔细观察和进一步了解，揭穿孩子的谎言，并用比较婉转的口气和迂回的方法教育孩子。

分析说谎的动机。尽量压住火气，冷静地思考孩子为什么要这样做。听听孩子的申诉，分析一下孩子说谎的动机与理由。分析原因，找到问题根源，明确企图，才能有针对性地对症下药。

学会肯定、鼓励孩子，不要主观、武断地滥施批评、训斥、惩罚。滥用批评、训斥、惩罚的做法让孩子害怕，而不是心服口服，孩子很容易被逼出两面行为来。因此，家长应该反思，调整自己的施教言行。

适度、合理的惩罚。孩子出现说谎等两面行为，父母可以采取一定的惩罚措施。著名作家冰心曾用肥皂洗嘴的办法惩罚孩子说谎。我们可以创造一些有效的措施，如朗诵一个有关诚实的故事、抄写一段论诚实的名人名言、写一篇讨论诚实问题的日记或文章、取消一次外出游玩的安排等等。

与孩子相处时，注意对待孩子的说话方式。不提供有利于孩子说谎的机会，也不叫孩子回答一些带有一定强迫色彩的而孩子又不得不用谎话去辩护的问题。

平时鼓励孩子说真心话。有些家长听了漂亮的真心话，就很高兴，而听了令人伤心的真心话就会生气，特别是当孩子做错了事时，做父母的如果不问青红皂白就训斥打骂孩子，恐惧会压倒他们承认错误的勇气，孩子就不敢说真心话，因为说真心话会遭到打骂，所以他们往往会说谎进行自卫。因此，作为家长，就应鼓励孩子说真心话，同时做到听得进令人愉快的真心话，也听得进令人伤心伤神的真心话。

家校结合，发挥合力的功能。学校教育与家庭教育的不一致，常是产生不诚实行为的主要原因。教师与家长的各自为战，给孩子的说谎行为提供了有空可钻的机会。家长应经常主动和老师联系，共同配合，使孩子真正做到家校表现一致，不说谎。

对孩子进行诚实品质的教育。经常举实例给孩子讲诚实的品质对人的发展多么重要，做人不诚实会带来什么恶果。对社会上那种“诚实吃亏”的错误论调要态度鲜明地进行批判，要让孩子坚信，弄虚作假、坑蒙拐骗的人是社会的蛀虫，必将受到惩罚。而诚实的品质必须从小时候培养，从小做一个诚实的人，自己有缺点、错误要勇敢承认，勇于接受批评并进行自我批评，决不应该隐瞒、造假。这样，长大了才能坦坦荡荡、光明磊落地做人。

家长要给孩子做诚实的榜样。诚实，是每个人都应具备的品质，家长要以诚实培养诚实。如果在家庭里能就诚实问题开讨论会，同时进行批评与自我批评，那效果可能很明显。

孩子太自大、爱吹牛怎么办

欢欢的妈妈发现孩子自从上了小学以后，特别爱吹牛，整天跟小朋友炫耀这个，炫耀那个，结果搞得同学和老师都不喜欢她。每回对她进行教育，她就是不改，妈妈真不知道怎么办才好?

学龄期的儿童爱吹牛是因为他们的自我接受度常常建立在他人的褒贬和反馈之上，因而他们会想尽办法去吸引旁人的注意。所以，要帮助孩子了解他不再需要借助吹牛夸大的方式来凸显自己，最佳的方法就是给予他无条件的爱——无论他的言行表现如何。具体来说，家长可以从以下几方面入手：

亲身示范如何正确表达自信之处。如果你能适当地表达对自己的信心和满意度，又不流于夸张，孩子就会在无形中受到感化，学会如何拿捏其中的分寸。

教导孩子分辨自信和自大的不同。孩子可能不容易理解自大是什么意思。父母不妨利用具体的语境，让他感受其中的不同。比如：“我爸爸是世上最好的爸爸!”可能是孩子对自己爸爸信心的表述。可要是这样说：“我爸爸比你爸爸好。”可能就是为凸显自己而说的大话。其中分辨的关键在于孩子陈述时的心态。想想孩子现在是想吸引别人的目光，还是在单纯分享心情。

引导孩子自我欣赏。孩子通常会以为，必须表现完美才会被人所接纳和喜欢，而被他人称许的人才会有价值。破解孩子这种自我毁灭的想法，同时引导他接受真实的自己，并能欣赏自己的优点和表现。对他说：“花这么多时间准备考试，你一定对自己很满意吧。”让他把注意力放在自身的满意度上面，不要太在乎他人的想法。

不要自吹自擂。父母常喜欢对孩子吹嘘自己的成就，这等于是一个错误的示范。父母要记住：在谈论自己的成就、表现时，一定要实事求是，不要夸大其词。

不要将孩子和他的行为画上等号。父母在教导孩子时，要具体指出哪些言行是适当的，哪些言行是不适当的。同时避免用“好孩子”“乖孩子”这类的词语称赞孩子。

不要过度反应。父母要是因为孩子的吹嘘行为而大发脾气，只会让情况更严重。被打被骂的孩子的自信心将会更低落，更有可能需要借助吹嘘来欺骗自己，以求取别人的注意和关爱。

教孩子正确对待表扬

“我的孩子是个四年级的小学生，自小受到家中老人的宠爱，父母也视其为掌上明珠。平时我们对他的关爱是无微不至的，因此孩子在校学习、品行表现都比较好，常受到表扬。但有一点令我们不知所措，这孩子一旦取得好成绩，在学校受到表扬或受到家人表扬时，总要家人奖励物品或钱，不给就不高兴。小时候，我们常用这种奖励办法来鼓励他，取悦他。但随着年龄的增长，孩子的要求越来越多。为此我们感到很困惑。”

也许有的家长也碰到了这样的情况，作为家长，该怎么办呢？

改变孩子的荣誉观、表现观，树立正确对待表扬的态度。当孩子告诉你在学校受到表扬时，家长应该告诉孩子，这是他的表现得到了别人的认可和敬佩，应该再接再厉，继续发扬，让更好的表现得到更好的认可，让孩子感受到被人尊重、信任、敬佩的喜悦，体会到一种精神上的满足。同时告诉孩子，一个人的所作所为得到了别人的认可与敬佩，是健康成长及社会价值的表现，而这种表现不是用物品或钱能替代的，否则就失去了表扬的意义。

正确对待孩子提出的要求。当孩子受到表扬后向你提出物质要求时，家长不可发火，以免使孩子产生抵触心理，而该耐心说理。假如孩子一旦改变不了态度，家长应坚持立场，绝不迁就。待孩子稍冷静后，再找他谈心，鼓励他继续发扬优点，争取更大的进步，实现自己的价值。

适当给孩子进行心理抚慰。平时家长因宠爱孩子，会百般迁就，孩子受表扬后就爱提出物质要求。而一旦不能得到满足，孩子肯定会产生失落感，尽管家长做了解释，但孩子不一定完全能心服口服。为此，家长应让孩子有个心理适应的过程，在一段时间内，家长要细心地去发现孩子的闪光点，多从精神上表扬、鼓励孩子，让孩子感受到愉悦，淡化“一受表扬就提要求”的思想。久而久之，精神上的需要就替代了物质上的需要，孩子这样的缺点便容易改掉了。

注意表扬的方式。表扬还要防止以下几种做法：开空头支票与做不守信用的许诺；长期等待，没有短期表扬目标；

附加威胁，表扬附带惩罚的阴影。

尽量取得老师及家人的配合，共同教育孩子。假如实施以上方案的只有家长一人，而其他与孩子学习、生活有密切联系的人，教育方法与你的步调不一致，那你的工作肯定是困难重重，事倍功半。因此，家长必须要得到老师、家庭其他人的配合，同步实施教育策略，让孩子接受教育的面再广一些。这样，孩子的转变肯定会快一些，效果会更好一些。

孩子索取无度怎么办

“人家真的很想要嘛！现在就要！”当你面对孩子的索取无度和无理取闹时，你是不是感到一种疲劳感呢？跟他讲道理：贵了？太危险了？不合适？对一个学龄期的儿童而言，只要是他非要到手不可的东西或活动，上面那些说词一点儿也不能动摇他的决心。到底应该怎样让孩子改掉索取无度的坏毛病呢？

态度坚定。如果你不想给孩子买他要的东西，即使孩子吵翻天、赖在地上，所有的路人都在看，也不要为了安抚他而买。你买了，他尝到了甜头，下次很有可能会故伎重施。遇到这种情形，你走开就好，等他闹够了，自然会停止。然后，如果可能的话，立即回家，罚孩子做家事。

不要和孩子争辩他的要求。记住，孩子拗着性子坚持自己的要求，是要控制局面并获得你的注意，如果你执意和他争辩，就算他输了，他也已经赢得了你的注意。因此，与其和他争辩，不如提醒他你们之间曾经定的约定。

不要发脾气。孩子索取无度，往往使家长很恼火。而人在生气的时候，大脑容易一片混乱，很难做到冷静思考，万一孩子还很拗，家长就很容易做出后悔的决定。所以家长可以利用“60 秒原则”，即给自己 60 秒时间好好稳定情绪，思考对策。

教导孩子折中之道。与其每次都满足孩子的要求，不如教他退而求其次，逐渐学会在自己的需求与外部世界能够提供的可能之间找到平衡。

赞美。当孩子能忍耐、延迟满足自身需求时，父母要赞美他，并教导他如何按适当的途径达到自己的目的。

让孩子了解人比物质更重要。建立一种家庭氛围和价值观，让孩子了解一个人的价值在于他的表现和人格特质，而不在于他拥有多少东西。

不要盲目追求潮流。如果你自己都避免不了同伴的压力，老买一些不需要、只是因为别人都有的东西，等于在向孩子宣告：“人的价值是要用物质来烘托的。”

爱孩子的真实自我。无条件地接受、珍爱你的孩子，孩子自然会感受到自己内在的价值，不需要靠外在的物质烘托自己。

给孩子付出的机会。有机会帮助父母做家事的孩子比较容易具有家庭价值观，能为他人着想。相反的，一个从来没有为家里付出过的孩子，通常会比较自私，想要什么就要什么。因为他从来没有机会分享合作，没有机会学习如何真正成为家庭团体中的一员。

让孩子也为自己的索取付出。孩子想买新衣服，提供给他合适的牌子、款式以及你的预算。如果他不满意，想买更贵更好的衣服，约定好多出来的费用由他分摊。这样，他就会更细心地斟酌自己的要求有没有必要和值不值得。

鼓励孩子储蓄。鼓励孩子储蓄以购买自己想要的东西，买到后，孩子才会更珍惜。不过鼓励并不等于强迫，父母不应该强迫孩子存钱。

讲究给礼物的方法。在特殊的场合或节日，比如生日、儿童节等，父母可以按照自身的条件给孩子买礼物。要注意的是，如果过度溺爱孩子，给孩子买太多的礼物，孩子反而会麻木而不懂得珍惜，也就失掉了礼物的意义。

孩子过于好胜怎么办

小强是个非常聪明的孩子，功课也很好，就是好胜心太强。每次考试他都特别在意成绩，没别人好，就闷闷不乐，对考得比自己好的人也总是看不顺眼。特别是在参加学校组织的踢球比赛时，十分在意输赢，完全失掉了踢球的乐趣。父母很担心，小强小小年纪好胜心就那么强，怕他以后遇到挫折，不能面对。

孩子有好胜心并不是一件坏事，如果引导得好，可以成为孩子积极进取的动力。但如果好胜心过强的话，就容易把好事变成坏事了。家长要注意从小培养孩子的平常心，客观坦然地面对各种事件，这对孩子的成长是很有好处的。为预防孩子在游戏、娱乐中好胜心过强，父母可以做到以下几点：

不要过于在意孩子在一次考试中的成绩，不人为地为孩子的考试成绩排队。家长要对孩子的学习成绩保持一种平常心。一般情况下，在孩子总体学习状况与考试成绩之间，家长应更重视其基本学习状态；当孩子在学习上出了问题时，家长在扎扎实实帮助孩子提高学习能力与片面督促、施加压力之间，应选择实际的学习辅导。

不要让孩子过早参与竞赛活动。社会上较为正规的竞赛活动，最好等到孩子的心智较成熟，承受得起竞争压力，能理解父母与老师的期望，再让他参加。在家里和孩子共同从事一般性带有比赛意义的活动时，也要随时注意孩子的情绪，注意帮助孩子学会保持较为平静的心态。

陪同孩子参加竞赛活动。支持孩子参加各项休闲活动。有父母陪同的孩子比孩子自己一个人摸索较容易投入到活动中，也能更快了解活动的规则和技巧。和孩子一起参加活动，也可以借机观察活动的指导老师和其他父母的示范和观念是否正确。万一活动中的大人们有着过度竞争取向，也不接受旁人的建议，最好考虑为孩子换个环境。

以身作则。亲身示范什么叫作好的竞赛精神。陪伴孩子参加竞赛活动时，告诉他胜不骄，败不馁，强调努力的过程。平时参加聚会，要鼓励孩子具有正确的竞赛精神。

适当奖励和惩罚。如果孩子表现出胜不骄、败不馁的精神，就赞美他。可是如果他很没有风度、输不起时，也要让他知道自己错了。要简单明了地让孩子知道你的要求以及赏罚各是什么。

允许孩子发泄挫折感。孩子遇到挫折，输了比赛，父母要分享他的失望和怒气，借机教导他要有正确的竞争观念及应有的风度，同时和他讨论下回应该如何改进。让孩子把注意力从结果的输赢转移到技能的学习和增进上。

发现不良的示范，立即提出抗议。在参加一些竞赛活动时，如果发现竞赛中有家长或教练的作风太具有竞争取向，父母可提出意见请对方改进。通过沟通，冲淡竞争的火药味。在批评的同时，最好也提出修改的路线与方法。

不要只问比赛的结果。孩子参加各类比赛后，一开口就问孩子输赢，孩子只会得到一个印象：输赢比竞赛本身更重要。不如问孩子在竞赛过程中的问题。比如：比赛中有哪些紧张或者有趣的事情发生？需要哪些技巧？如何加强技巧？

不要得失心太重。如果比赛输了，家长就气得骂裁判、怪老师，过度悲伤，孩子见了，自然就学会了这一套，成为只重视结果的人。即使你对比赛结果十分不满意，也不要忘了夸奖孩子在比赛中的好表现，把重点放在下一次比赛该如何改进上。

不要批评孩子的表现。如果孩子在比赛过程中犯错，父母要理所当然地接受它，就好像接受不可能完美的人性和竞赛过程。不需要强调过错，只要告诉孩子下回如何避免重蹈覆辙就行了。

孩子不接受批评怎么办

和许多成年人一样，孩子们往往也喜欢听表扬，而反感批评。法国心理学家高顿教授通过一项专题研究证实，那些难以接受批评的孩子长大后，也大多会对批评持“避而远之”或干脆“拒之门外”的态度。由此看来，让孩子学会接受批评，无论对一个人完整人格的塑造，还是对促成其事业的成功，都具有相当积极的意义。那么，年轻的爸爸妈妈们该如何让孩子学会接受批评呢？

教育孩子不必对他人的批评大惊小怪。教育孩子，当然应该坚持以表扬为主，但也要让孩子从小就有意识地既能听正面肯定，也能听反面的批评。对他人的批评不要大惊小怪。

让孩子学会理解批评中的善意。孩子受到批评，要告诉孩子别人批评他，并不是讨厌他，也不是故意刁难他，而是一种对他的关注，对他的关心，是为了让他改正不足，成为更完美的人。孩子明白了批评中的善意，就不会那么抗拒批评了。

批评孩子要做到语气温和，分析中肯。批评一定要语气温和、态度中肯，要言之有物，针对具体的事情，要让孩子明白批评是对事不对人。切不可泛泛而谈，让孩子觉得批评得毫无道理。事实上，从小就能适应批评的孩子，长大后往往也较能适应社会，其中也包括拥有正确对待来自他人的批评乃至非议的平和心态，以及较强的承受挫折能力。

让孩子学会认真倾听。不论批评有多尖锐、多不中听，父母都应该要求孩子认真倾听。因为只有认真倾听，才会发现其中也许确实有几分道理，最后才能虚心予以接受。从而让孩子渐渐明白：对他人的批评认真倾听，不仅是一种文明的表现，而且也是完善自我的必要方法。

教孩子学会面对批评冷处理但不要默不作声。冷静处理并不意味着对批评默默无语。父母应帮助孩子掌握“冷处理”的技巧，包括：不要对批评者反唇相讥，不要“自卫还击”，不要夸张等等，相反，应在认真倾听的基础上冷静地分析出尽可能多的合理成分。要教育孩子对批评的合理成分虚心接受，甚至列出改进的办法或措施。当然，对批评者的感谢更能体现出接受批评的诚意。

允许做出解释。当批评不符合事实，也应允许孩子做出解释，因为让孩子虚假地表示接受批评，但心里大感委屈，实际上不仅于事无补，还可能引发种种弊端。与此同时也要让孩子明白：解释的目的并不是推卸本来应负的责任。还应要求孩子保持解释时心平气和、实事求是的态度。

学会对批评者一视同仁。不少孩子可以做到认真倾听并虚心接受来自老师或父母的批评，但对来自同龄人的批评却拒之门外。这时应教育孩子：只要批评得有道理，即便这批评来自小伙伴，也应虚心接受。

实际上，只要孩子学会了“善待”批评，那么批评完全可以如同表扬一样，成为鼓励孩子前进的春风，而且还起着表扬难以起到的警示作用。

如果家长有缺点、有错误怎么办

中国有句古话：“人非圣贤，孰能无过？”作为家长，在生活中、工作中也会有缺点和错误，这虽然跟孩子不发生直接联系，但是它们会影响到孩子的教育；在教育孩子的过程中，也会出现缺点和错误，这就直接跟孩子发生联系了。因此，家长如何正确对待自身的缺点和错误，如何面对自己的孩子，是值得重视的问题。

与孩子交谈，承认自己犯错误的事实，尤其要谈改正错误的决心和信心。家长也是人，有缺点和错误是难免的。只要家长认真虚心地承认缺点，并加以改正，孩子对父母不会另眼相看，而只能使孩子加深对父母深一层的了解，深一层的爱慕，也使孩子从中看到怎样做一个正派人。掩盖缺点、文过饰非是不正确的行为，这样做最终会被孩子取笑。

实事求是承认错误。有错认错，需要实事求是，既不能小题大做，也不能大题小做，要把握好“度”。要让孩子亲身感受家长的痛悔之情和改过之意。

向孩子说明情况。如果是因为客观原因造成的失误，可以向孩子进行必要的解释，让他明白事情的真相。有时，甚至可以和孩子一起分析自己为什么会犯这种错误，和孩子分享你的工作和生活，会让孩子觉得你很尊重他，他也可以从你的错误中学到一些做人的道理。

让孩子把心里话说出来。如果孩子对你的错误不满，或因为你的错误遭到了伙伴们的嘲笑，一定要让他把心里的话说出来，让他把心里的委屈发泄出来。即使孩子说了怨恨过头的话，也不要责怪孩子，要真诚表示接受孩子的批评。

请孩子做自己改正错误的监督人。这一点很重要，当孩子意识到自己的责任时，他会更振作，不会一味地沉浸在对你的不满里。

该教育孩子时，继续认真教育孩子。犯了错误的家长，依然有教育孩子的责任。在教育孩子时，要更加注意方式、方法和时机的选择。

说到做到，严格要求自己。家长一定要说到做到，叫孩子做的事情，自己首先做到；要求孩子不干的事情，自己首先不做。为了孩子，要谨言慎行。家长经常与孩子打交道，所以要处处严格要求自己。

坦诚地对待自己的缺点和错误，认真向孩子赔礼道歉，不但能得到孩子的谅解，还能赢得孩子对家长的敬佩之情。有些家长却不然，明明自己做错了事，冤枉了孩子或误导了孩子，还给自己护短，或者轻描淡写地不当回事儿。这就违背了做人的基本原则，也是教育中的大忌。次数多了，家长在孩子心目中就会失去威信，还谈得上什么教育孩子呢？家长的威信并不是因为做父母的一贯正确，而是长期坚持实事求是，说老实话，办老实事，做老实人，取信于孩子的结果。

第二章 从小形成的行为模式影响一生

——习惯养成的关键阶段

良好的习惯是构成健康人格的基础。由中国青少年研究中心完成的课题——“少年儿童良好习惯的调查研究”的结果显示：当今少年儿童有8大良好习惯，7大不良习惯。8大良好习惯是：勇于表现自己；生活比较有序；待人有礼貌；喜欢交往；做事遵守规则；爱护环境；敢提问题、敢于发表见解；喜欢新事物。

同时，调查还发现了当今少年儿童的7大不良习惯：喜欢依赖别人；任性，做事经常以自我为中心；害怕承担责任；在交往中容易伤害别人；不爱劳动；在消费中，盲目、攀比、炫耀；学习不爱刻苦钻研，常常被动学习。

家长们在自己孩子身上可能看到了这些好习惯的表现，肯定也在自己的孩子身上或多或少地发现了这7大坏习惯的影子。如何帮助孩子树立更多的好习惯，改掉这些坏习惯，就是我们本章所要解决的问题。

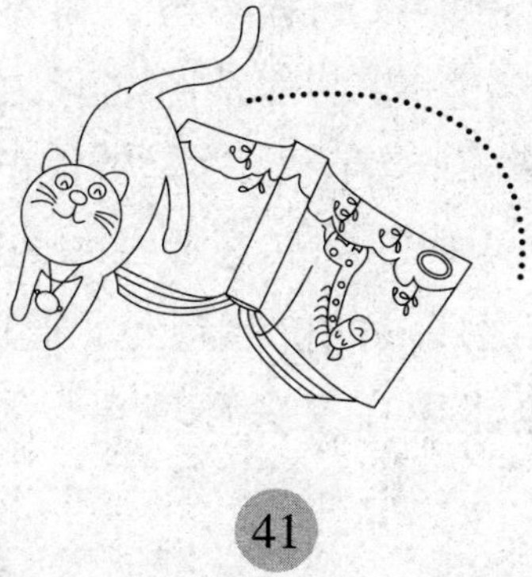

好习惯能使孩子终身受益

习惯伴随着人的一生，影响人的生活方式和个人成长的道路。习惯对人极为重要，从某种意义上说，“习惯是人生最大的指导”。要使孩子有良好的习惯，首先应从家庭教育入手。

习惯是在人的生活、学习过程中逐渐形成的。如何有效地培养孩子养成良好的习惯呢？

一是从小培养。在生长、发育期，人的可塑性最大，最容易受引导。研究表明，3 岁至 12 岁是一个人形成良好习惯的关键期。这个阶段的孩子认识和活动范围逐渐扩大，求知长技能的欲望强烈，容易接受成人对其行为的训练。12 岁后，特别是 18 岁以后，孩子已形成许多习惯，有旧习惯干扰，新习惯要养成就困难多了。

二是从小事抓起。良好的习惯多表现在日常生活的各种细节小事上。如孩子做事认真的习惯，体现在他不丢三落四、做事有条理、观察细致等等。有些家长面对这些小事，常常听之任之，认为“树大自然直”，这是错误的看法。

三是营造良好的家庭文化环境。家庭文化体现在家庭成员的价值趋向、道德品格、情感志趣和生活方式中，也体现在家庭环境建设和衣、食、住、行中。家庭文化环境对人的习惯的影响是全方位的。家庭文化同其他方面文化相比，亲和力、感染力更强。家庭文化对人的习惯的影响最早、最持久。因此，习惯更容易在家庭中“遗传”和传递。在家庭文化环境中，重要的是父母的所作所为。孩子的模仿能力很强，在家庭中，父母是孩子的榜样。父母的言谈举止，在潜移默化地影响着孩子。

四是制订规范。在学校，孩子们为什么能够形成良好的行为习惯，原因就在于学校有较严格的规范，有良好的激励机制。可惜孩子在校形成的良好习惯，到了家里似乎就“忘”了。究其原因，除了孩子的习惯具有不稳定的特点外，主要还在于家长没有制订严格的规范。即使家里有些规定，但由于父母对子女溺爱、娇宠心理的作用，规定往往难以执行，而某项规定一旦破例，便会前功尽弃，良好的习惯再也难以形成了。

五是运用强化机制。要培养孩子的良好行为习惯，制止和消除不良行为，父母还必须适当地运用表扬与批评、肯定与否定、奖励与处罚等强化手段。例如孩子做了好事，受到他人的赞扬而继续做好事。“做好事”这种行为的增强是由于“他人赞扬”起了强化作用。强化是孩子行为塑造的重要心理机制。

六是不能有例外。为了培养好习惯，必须始终不渝地坚持下去，直到新习惯在孩子身上根深蒂固。形成良好的习惯是很不容易的，在形成过程中，常常有相反力量在作祟。如拾金不昧等，只要有一回因私心杂念夺去了孩子对好品德的追求，重新做起来就会变得困难了。

七是要注意实践和行为指导。习惯教育不仅是知识的传授，而且要躬行实践。只有不断地将社会要求、标准转化为个人的需要、准则，并用来支配自己的行动，才能养成良好的行为习惯。在习惯养成的过程中，父母要注重对孩子进行行为方式的指导。行为方式的指导对年龄越小的孩子就越重要。只告诉孩子应该做什么、不应该做什么是不够的，还必须告诉他们如何去做。如果只注重说理教育而忽视实践，良好的习惯是不会真正形成的。

英国有句谚语：行动养成习惯，习惯形成性格，性格决定命运。说的就是：要形成好习惯，贵在行动！

孩子不懂礼貌怎么办

每个家长都希望自己的孩子是个讲文明、懂礼貌、人见人爱的孩子。而且，孩子上了小学以后，接触的人更多了，更应该懂得文明礼貌。可是不少家长往往发现，孩子上学以后，反而变得更害羞起来，不大愿意和人打招呼，这让家长十分难堪。

教导学龄儿童文明礼貌的最大问题就是，父母常常不得其法，总是在孩子做出没有礼貌的事情后当众逼迫或指责他。这个做法不但伤害了孩子的自尊心，也把场面弄得很尴尬。要让孩子的言行符合礼仪规范，平时就要教导他。在一个充满关爱、包容、安全和鼓励的场所中，帮助他了解、学习他与朋友、他与师长、他与别人之间的互动模式。父母要做到：

对孩子尊重，有礼貌。一个受到父母尊重、待之以礼的孩子，最有希望成为言行举止合乎礼仪的孩子。平时要求孩子做事情，不要用命令式、指挥式的语气。要经常把“请”“谢谢”挂在嘴边。对待孩子要像对待其他人一样。

订立礼貌的规则。针对不同的时间地点，订立基本的礼貌规范。例如：“吃饭时应该……”“见到熟人应该主动打招呼”等等，让孩子明确知道要的是什么样的言行举止，以使其遇到相同的情景时知道如何应付。

赞美孩子有礼貌的行为。从赞美中学习最有效。你可以说：“你喝汤时知道不发出很大的响声，很细心。”“每天放学回家都和爷爷奶奶打招呼，很有礼貌。”这样既提醒了孩子应有的礼仪，又鼓励他继续保持类似的行为。但要特别注意的是，赞美的重点应放在具体的言行上，而不是一味地赞美孩子本身。

正面性的惩罚。当孩子用手抓菜吃的时候告诉他：“你忘了用筷子夹菜吃了，让我们练习一下用筷子夹菜。”同时让他嘴里念：“我喜欢用筷子夹菜。”由于孩子不喜欢这种练习方法，而且也会觉得不好意思，下次就会记住不能用手去抓菜。不要要求孩子说“我不用手抓菜”。这是一种加强印象的说法。用“我要……”“我喜欢……”之类的正面说法，会起到积极的作用。

在家也要注意礼节。不要在家里放松对孩子文明礼仪的要求。文明礼仪是一种长期形成的良好习惯。家庭是训练孩子讲究文明礼仪的最好场所，家长千万不要误以为在家可以让孩子为所欲为，到社会上再去讲究文明礼仪，这是绝对不可能的。

以教导代替训斥。如果孩子做出了不礼貌的事情，父母可以另外找时间教导他如何有礼貌地处理同一件事情，但可以先告诉他讲礼貌的结果。比如，你可以跟他说："接电话的时候，如果你说话很有礼貌，打电话来的人听了也会比较高兴。"接着亲自示范给他看。也可以将对应的用语写在纸片上，放在电话机旁，孩子接电话的时候就可以练习。有时候，父母如果在外面，也可以打个电话回家和孩子聊聊天儿，以试探一下他接电话的态度。如果孩子接电话的时候很有礼貌，别忘了给他最真诚的赞美。

不要挑剔小毛病。一天到晚挑剔小孩儿的毛病，只会激起他们的怨气和愤恨。父母在平时掌握住行为规范的几大原则，拣重要的说。而且挑剔孩子的错误，不如反过来提醒他们应该有的礼貌原则，并赞美他们合乎礼仪的言行。

不要比来比去。指责孩子不如隔壁家的毛毛，只会让孩子讨厌毛毛，孩子不见得会修正自己的行为。用鼓励的方式最能让孩子体会到哪些才是合适的言行举止。

不要当众指责孩子。在盛怒之下当众指责孩子，除了宣泄父母的怒气，伤害孩子的自尊外，毫无益处，更不可能让孩子变得彬彬有礼。如果你觉得孩子没有礼貌，不如先冷静下来好好想想你期望孩子做些什么，孩子又想些什么，想清楚了，再找孩子好好谈。

如何让恼人的小动作消失

生活中，我们常能发现孩子样样都不错，可就是爱做些不雅的小动作，比如随地吐痰、玩纸头、抖腿、吸吮手指。如何帮助孩子改掉这些恼人的小动作，还真让父母伤透了脑筋。随地吐痰、玩纸头、抖腿、吸吮手指，这一类习惯性小动作常是在不知不觉中形成的。有这些坏习惯的人，也不知道自己的习惯会带给旁人不舒服的感觉。在有压力和无聊的时候，这些习惯就不自觉地出现了。面对孩子这些恼人的小动作，父母可以从以下几方面帮助孩子克服：

及时采取行动。一旦发现孩子有不适当的新动作出现，在它还没有成为习惯之前，就要及时采取行动。时间拖得越久，越难处理。

注意自己的习惯。检查自己是否也有一些恼人的习惯。如果你自己也在公共场合大声打嗝儿和玩手指，孩子就会很困惑：为什么我不可以有类似的动作。

订立规矩。如果孩子已经养成了一些不好的习惯，在矫正时，可以规定在什么时间或地点，才允许出现那些行为。这样可以让孩子了解哪些行为是被接受的，哪些行为会造成对别人的困扰，也提供了解决问题的建议。时间和地点的限制，可以让孩子减少重复坏习惯的机会，因为很少有人会特地跑到房间里去玩手指头。

鼓励孩子使用替代行为。除了指明孩子的坏习惯，还要让他知道哪些习惯是好的。否则，一味地指责，只会加深孩子对坏习惯的印象。不如提示或鼓励孩子使用其他行为来取代原来的习惯，当孩子做到时，就称赞他，增强他的自信心。

使用弹性疲劳。有时候，习惯也会弹性疲劳。规定孩子在某个时段内不停重复某个坏习惯，例如，看到他随地吐痰，就叫他一直吐，连续吐五分钟，到最后谁都不理睬他，他就会觉得很烦，可能对这个行为就没兴趣了。

忽略无害的恼人习惯。有些习惯你不理他，他自然也会消失，不需要特别的处理。假如那个习惯是无害的，就当它没有出现，去忙别的事，让孩子自行处理。

无条件地接受孩子。当你对孩子的坏习惯越反感，孩子受坏习惯的困扰就越大。接受孩子，也就要接受他的坏习惯，孩子才不会因为坏习惯而担心你不爱他，徒增他的困扰。

不要强调坏习惯。要孩子改正某个坏习惯，千万不要将那个坏习惯一直挂在嘴边。因此，与其说："不要用脚打拍子！"把孩子的注意力引导到用脚打拍子这件事情上，不如告诉他："请你把脚平放在地上。"让孩子将注意力放在你希望他做的事情上。

多花些力气鼓励孩子用适当的方法表达情绪，不要老盯着孩子的坏习惯。忽略一段时间你会发现，孩子的自我控制能力在大幅提高，因为你帮他养成了一个重要的好习惯——自信。

必要时，进行心理调适。有一些坏习惯来源于孩子的心理紧张，甚至是心理异常。此时，孩子需要一定的心理辅导。一般情况下，父母可以运用心理矫治的一些方法，如上面提到的弹性疲劳等。严重时就需要求助于心理医生。

孩子邋遢、不做家务怎么办

家长们普遍发现现在的孩子根本不愿做家务，自理能力也较差，很多孩子很邋遢，什么事情都要父母来善后。父母担心孩子离开自己的照顾、庇护后，不知道该怎么生活。让孩子从小就克服邋遢、不爱做家务的坏习惯，是今天家庭教育的重要任务。为此，父母应该做到：

合理的要求。先了解孩子的能力和技巧，再请他分担适合的工作。告诉孩子，他对家的帮助很大。如果孩子知道自己的付出对整个家庭有益，他会更加看重自己和被分配到的任务。

以身作则。如果父母本身都很邋遢，喝完水杯子乱放，碗盘堆着不洗，孩子如何能感受到整洁的好处？更不能理解为什么他要保持整洁？

赞美孩子合乎整洁的行为。如果孩子喝完水把杯子洗干净放好，父母记得一定要称赞他，鼓励孩子继续保持这种行为。

在家里养成清洁的习惯。如果孩子确实知道你很重视整齐清洁，他会比较愿意配合。而且，平时就要把打扫整理当成例行公事，养成习惯，不要总是拿来当作对孩子的惩罚工具。

不用的东西收起来。定期将用不到或老旧的东西，例如玩具、衣服等等送人或扔掉，以免堆得到处都是。

善用记事本。把所有的家什和分配方法记在本子上，大家照章行事，可以将家事按时间先后列表，例如：上学前须完成的——起床、铺床、洗漱等等。这样的安排合乎逻辑，孩子做起来也比较有效率。父母不必像老妈子似的，跟在孩子身后唠叨。只要等孩子做的时候，站出来夸奖他就好了。

赞美孩子负责任的表现。孩子完成某件事，父母适度地赞美他，他会很高兴，很有成就感，而且愿意再接再厉。

设立一个“星期六宝盒”。如果孩子的私有物品到处乱放，父母就把它们捡起来，放在盒子里，禁止他使用，等到星期六再一件一件拿出来，让孩子通过做家事赎回去。

订立清洁的规则。订立清洁的规则，让孩子有所依循。例如：吃完东西，要将餐具放回水槽里。把你希望孩子做的事情具体地陈述出来。

善用检查表。如果孩子的整洁习惯实在很差，可以利用检查表，一条一条地理出他应该做的事情，让他清楚自己的责任。例如：“这里有一张检查表，等你做完全部的事情才能出来看电视。”

称赞孩子已经完成的部分。即使孩子很不负责任，父母可以找到他已经做好的部分，称赞他，鼓励他，同时指出他的不足。对他做完的事情加以称赞，不要总是责骂他的缺失，他才会有动力更进一步地去做好自己的事情。

惩罚。对孩子的邋遢行为，父母要用必要的惩罚措施，并让他了解，个人习惯会对整个区域的清洁产生影响。

分别对待孩子和他的行为。如果孩子表现不佳，父母可以这样告诉他：“我很爱你。只是我不喜欢看到你放着该做的家事不做。”千万不要给孩子贴标签，更不要称呼孩子“懒骨头”。其实孩子不见得懒，只是缺乏责任感和不知道该如何去完成自己的任务。不要让孩子负荷过重。应考虑孩子的年龄、能力和特质，不要期望过高。

不要过度追求完美。不要强求孩子百分之百地符合父母的期望。那绝对是不可能完成的任务。

孩子赖床怎么办

孩子总喜欢睡懒觉，很多家庭在早晨经常上演这一幕：孩子在床上哼哼唧唧不愿起床，而父母望着快到上班时间的钟点，急得心急火燎，不断地大声催促吆喝：“快点儿起床了……妈妈要迟到了。”孩子磨磨蹭蹭，有时甚至哭哭啼啼。于是许多年轻的父母抱怨，一个美好的早晨就如打仗一样——累人。如何让孩子乖乖起床呢，现在就教你几招：

事先安排好早上的行程。如果孩子醒来距离上学还有一个小时，他可能会觉得时间很多，动作自然会慢下来，结果到穿衣服、吃早餐时，已经来不及了。因此，事先规划好早晨醒来到上学前有哪些事情要做，各需要多少时间，才不会拖拖拉拉，导致总是匆匆忙忙地出门。

鼓励孩子准时上床睡觉。约定一个合理的上床时间，切实执行，以免孩子早上赖床。事先安排好睡前活动会对准时上床有很大的影响。

让孩子提早完成作业。睡前赶作业不但影响睡眠，孩子的注意力也无法集中，学习效果和作业成绩都会大打折扣。鼓励孩子早点儿完成作业，他才有时间在睡前放松心情，做些休闲活动，以帮助入眠。

鼓励孩子做运动。运动可以帮助孩子睡得好，早晨醒来精神自然也会好。

今日烦恼今日毕。如果孩子带着烦恼入睡，早晨常会觉得精神不济。睡前和孩子聊天儿谈心，时时给他一剂“贴心大补贴”，他才能安心睡觉，不必担忧醒来后该如何面对。比如对他说：“今天怎么样？有哪些有趣的事情我想听听。”

让孩子为自己负责。鼓励孩子早上自己起床。给他一个闹钟，让他自己设定早上闹铃响的时间。

明确向孩子表明必须早起的原因。每个孩子的动作快慢不同，因此早晨的行程设计也要因人而异。设计一张晨间检查表，列出孩子该做的事情和所需的时间，让他自我督促，一步步来完成。把早晨起床、准备上学的责任和工作交给他自己。

温柔地叫孩子起床。用爱心鼓励孩子起床，孩子会比较愿意起床，比较有心情面对新的一天。叫他的声音放轻柔，叫他的动作不要太猛烈，以免他情绪不佳，采取不合作的态度。

与闹钟竞赛。孩子起床以后，将闹钟定在早餐时间，和孩子约定，如果他在闹钟响之前做好了所有的事情，就让他放学以后多玩一会儿。

了解孩子当天的状况。有时候孩子不肯起床是因为不想面对某些人或事情。父母就要问他：“今天有什么课？是不是有你不喜欢的事情?”如果发现孩子有困扰，父母要教他们去面对并解决问题，而不是逃避问题。

耐心陪伴“慢性子”。有些孩子天生动作就比较慢，需要比较多的鼓励和耐心的陪伴。所以家长需要耐心地陪伴他们，称赞他们做得到的部分，可以让他们增强信心，做得更好一点儿。

不要一早就挑起战火。保持好的、开心的气氛，孩子就比较愿意起床，准备上学。

不要自己迟到赖床。如果父母有守时和早起的好习惯，孩子就比较能体会守时和早起的重要性。

不要随便恐吓孩子。如果你老是威胁孩子：“你再不起床，老师会生气!”孩子很快就会知道，你不过是在放空炮。有时候，吓吓孩子的确会让他们的动作快一点儿，可是，并没有教会孩子如何自动自发地准时起床。

不要有肢体接触。父母用蛮力把孩子硬拉下床，可能会造成更大的肢体冲突，甚至在盛怒之下，父母会体罚孩子，孩子就更会以赖床当作抵抗。

孩子不承认错误、总犟嘴怎么办

孩子的成长，是一个不断犯错、不断改善的过程。孩子有时并不知道自己所认识的东西是错误的，也未必明白自己做错了事。他用他的眼光去看，用他的头脑去想，难免不受到限制。父母要有意识地教会孩子学会发现错误。父母要了解孩子的能力、爱好、性格及少儿所特有的心态，这样，才能对孩子进行循循善诱，使他们能认清方向，少走弯路，早日成功。父母要培养孩子能自己反省自己的错误，比父母或他人指出其错误再改正，效果更好。

怎样教会孩子们对待过失，我们给父母们的建议是：

父母应及时进行教育。孩子做错了事应及时进行教育，今天的事今天办完。事过境迁再进行教育，会使孩子失去真实感。

父母应以理服人。孩子做错了事，在进行教育时，必须“晓之以理”，使孩子明白所做的事情为什么不对。

父母的批评不应重复。孩子做错了事，应当避免多次重复地教育。如父亲说过了，母亲又接着说；今天说过了，明天又接着说，这样容易伤害孩子的自尊心。对感受性比较敏感的孩子更应当特别注意。

父母的教育应前后内外一致。教育必须保持一贯性。切忌在自己心情好的时候，见孩子做了错事也不进行教育，心情不好时，就挑剔孩子的行为，对一些不必要的事进行责备、训斥。教育还必须保持一致性。如对一种行为表现，母亲说对，父亲说错；今天说错，明天又说对，这会使孩子无所适从，只能看父母的脸色行事。

父母不要揭老底。俗话说：“打人不打脸，骂人不揭短。”对孩子也应如此，这样孩子就不会害怕承认错误了。如果是属于个性问题，家长千万要宽容，要耐心等待，适时引导，不可生逼硬压，否则会给孩子造成严重的心理伤害。

父母应注意家丑不外扬。孩子做错了事，能在家里进行教育的，不必拿到外面去。有的父母常吓唬孩子说：“明天我到学校去告诉你的老师。”这样会使孩子产生恐惧或不信任感，其结果并不理想。

父母的教育要掌握分寸。孩子犯了错误，父母如果批评过于严厉，会挫伤其自尊心，甚至引起孩子进行反抗；而如果批评不力，平平淡淡又不能震撼其心灵，他就会觉得无所谓。因此，父母必须从爱护孩子出发，一语道破地严肃而又中肯地指出其错误所在、错误性质和危害，彻底揭穿其借口抵赖的心理，并帮助他找出今后改正的办法。这样做，一般就可以达到批评的目的。

父母要做榜样。家长要做勇于承认错误的表率。经验告诉我们，不爱认错的孩子背后往往有一个不爱认错的家长，孩子是跟家长学的。

给孩子承认错误的时间。孩子不敢认错时，应该暂缓追究，让他平静下来，去掉恐惧感，再跟他谈，千万不要非得立刻见分晓不可。如果孩子嘴上不爱认错，在行动上却有所改正、有所变化，家长应表扬他的进步，而不必非让他嘴上承认不可，但也要抓住时机，不急不躁地引导他逐渐敢于承认错误，因为敢于认错毕竟是优点。又改正，又承认，岂不更好？

孩子总喜欢依赖别人怎么办

在上学路上，常见到这样一些情景：孩子上学，家长帮背书包；孩子的鞋带松了，家长帮系好……这些做法，无疑是父母在不知不觉中剥夺了孩子独立成长的机会，更糟糕的是，这种“包办代替”还有可能使孩子产生自己无能、愚蠢的观念，导致孩子对自己自信心不足，这对孩子更是一种无形的伤害。

那么，家长如何培养孩子的独立性呢？

不过分保护。对孩子过分保护，往往会妨碍孩子身心的正常发展，使他们变得胆怯、依赖心重、神经质，不敢做任何尝试，而且不易与人接近。所以，凡是孩子力所能及的事情，都应放手给他自己去尝试、去实践的机会。

让孩子处理自己的事情。家庭里最好让孩子有自己的桌子、椅子、小柜子等，让他们从小养成自己处理自己用品的习惯。例如蜡笔、尺子等学习用品放在自己的抽屉里，玩具放在玩具箱内，图书放在小书柜里，弄乱了自己整理好。孩子在处理这些事情时，不知不觉就会养成独立的个性。

让孩子做一些力所能及的家务事。让孩子做些简单的家务，不但可以培养孩子的独立性，也可以使孩子更有责任感。比如可以让孩子帮擦桌子、洗碗筷等。当孩子完成了你交给的任务后，要跟他说声“谢谢”，并给予适时适当的鼓励：“你真能干！”既尊重孩子，又强化了孩子对日常生活能力的锻炼。

有耐心。有些父母因孩子的动作慢或是草率了点儿，索性就代劳；当孩子想表达自己的意见时，父母却抢着说。这种不耐心倾听的结果，会干扰孩子创造性的思考过程，使他变得沉默和依赖。要知道，孩子的独立性不仅依赖于身心发展的成熟，也需要靠后天的学习，因此父母一定得有耐心，千万不可操之过急，剥夺了孩子学习的机会。

对孩子的疑问不要急于给他完整的答案。孩子对问题有疑惑时，正是孩子智能活跃、独立思考的最佳机会，所以家长应好好利用。当孩子提出问题时，父母切忌轻易和盘托出答案，只需给孩子一个“引子”，至于结论，可以让孩子在大人的引导下去思考。

让孩子自己做决定。让孩子自己去选择、组织游戏的伙伴，从而培养其独立的组织能力。游戏是儿童的主要活动，也是促进儿童心理发展的最好形式。要多鼓励孩子创造性地玩，尽量发挥孩子的想象力，训练孩子的独立人格。在孩子相互游戏的过程中，家长也不要因孩子间发生打闹就参与其中。

鼓励孩子在困难中锻炼意志。在生活中，父母可以有意识地设置一些“障碍”和“困难”，让孩子独立去思考、解决。当孩子通过自己的努力克服了困难后，他就有机会认识事物间的联系，体会成功的喜悦，从而增强孩子的自信心和养成独立的习惯。

培养孩子自我保护的好习惯

现在很多家庭都只有一棵独苗，因此，家长往往对孩子的人身安全感到忧虑，上学放学要亲自接送，回家后也不准孩子独自外出与小朋友玩，只能关在窄小的空间范围内。家用电器、炉具一律不准摸，怕出意外，孩子在家里也像个被捆住手脚的机器人。其实，父母也不必过分担心，关键是要帮助孩子树立一定的安全意识和培养防范能力。

让孩子掌握基本的安全知识。对于小学生，父母完全可以把一些安全知识教给他们：家用电器的使用和安全注意事项；煤气炉具的安全使用；化学物品、药品的标志及使用；出门遵守交通规则；上学放学路上要与同学结伴走，不要随便与陌生人搭话或吃陌生人给的食物；注意保护自己的身体，不能让硬物、锐器损伤身体任何部位等。儿童天生好奇好动，不能硬性限制其活动，但一定要让其掌握安全知识，否则后果不堪设想。

教会孩子一人在家把好门。孩子一人在家，把屋门、防盗门从里面反锁上，钥匙放在固定位置。如果有人叫门，不要轻易开门，先问清是谁。是至亲好友，再开门迎进来。是陌生人或仅仅似曾相识的人，不能开防盗门，应委婉拒绝："实在对不起，父母不在，请您晚上再来，有什么事情，我可以转告。"若来人借口非要进来不可，也不能开门。可以这样说："我给爸爸妈妈打个电话，请他们马上回来，麻烦您在外边等一会儿。"看看来人的反应，要是居心不良的人看此情况就会离开。如果来人还是强行进门，则应大声呼救。

教给孩子意外发生时采取的应急措施。家长要教孩子安全常识和掌握必要的应急手段。例如，煤气泄漏时要先切断气源，开窗通风，千万不能马上开灯、打电话、关电子打火开关，否则会引起爆炸。遇到意外，会打报警电话、急救电话等，如报警电话 110，消防电话 119，医疗急救电话 120，查询电话 114 等。懂得一些基本医学知识，如急救止血方法。万一被人强行拐带走，要懂得找机会找当地公安机关、政府部门等。

培养孩子的自控力，远离有危险的地方。要告诉孩子：有警示标志的地方不要去，走路要远离危房，不要在高压线底下玩耍。特别是近几年，城市里的井盖因失窃而伤人的事件屡屡发生，因此要提醒孩子走路要小心，以防不测。在马路上行走或骑车要注意安全，遇到火情或同伴溺水不要贸然抢救。同时，要教会孩子如何避开一些危险场合和应付一些突发事件，做到能够尽量保护自己。

教育孩子在体育活动中注意安全。要按老师要求，做好准备活动，进行单杠、双杠、高低杠、木马、吊环等运动，一定要有人保护，不能单独做有危险的动作。掷铅球、手榴弹要躲开危险区域。游泳时量力而行，不要逞强，学会游泳再进深水。跳水要有人指导，不能盲目胡来。

教育孩子在劳动中注意安全。有些劳动使用各种工具，最易出事故。教育孩子听清指导者的说明，按操作要领干活儿，不可蛮干。有些化学制品会有毒性，不能乱动。许多劳动现场，安全要求十分严格，必须听从指挥，按要求去做。

进行自我保护教育的内容很多，家长应从实际出发，在生活中随时对孩子进行教育。要多给孩子讲实例，加深孩子印象。讲自我保护方法要简明、具体，有操作性。

孩子不爱说话怎么办

常有家长反映，孩子在家和小伙伴一起玩的时候，显得十分活泼可爱。但一到学校就变得异常老实，成了一个沉默寡言的孩子。在课堂上，即使遇到知道的问题也不举手回答，除非老师点名，他从来不主动回答问题；想参加班上的兴趣小组，也不敢在同学面前说出来；不敢在众人面前陈述自己的观点……

那么，如何让不爱说话的孩子增强自信，做到敢说、能说呢？

让孩子先交一个朋友。孩子时常会产生“希望有一大群朋友”“希望自己受大家欢迎”的欲望。当孩子拥有大量朋友的时候，他的内心是安定的，往往不怕失败，能始终保持积极的态度。相反，孩子没有一个朋友，在集体中像一个陌生人一样，沉默寡言就不可避免。这时家长可鼓励孩子去交朋友，或与老师商量一下，尽快让孩子交上一个朋友。

多让孩子参加一些社交活动。如参与接待客人，使孩子感到自己被父母和外人所承认，从而对自己建立自信心；在招待朋友的聚餐会上，让孩子表演一个拿手好戏，使孩子享受成功的喜悦。

家长日常多对孩子进行幽默的对话与鼓励。家长的幽默激励往往能使孩子产生精神上的信赖和充实感，增强孩子与外人接触的自信心。同时，家长要时刻注意自己的言行对孩子潜移默化的影响，要采取积极的处世态度，使孩子也朝这样的方向发展。

干家务活儿可增强孩子的自信心。应鼓励孩子帮助大人干活儿，如每天带孩子去采购东西，让孩子自己挑选，满足孩子的表现欲与成就感。让孩子干家务，要注意以下几点：

第一，要制定一个切合孩子能力的标准。家长要避免产生总想自己去做或者“重新做一遍”的想法，这样会让孩子觉得没能力、不中用，从而失去劳动的兴趣和热情。

第二，不要用钱引诱孩子干活儿。孩子干完活儿以后，父母给他们的评价应该是对他们笑一笑、拥抱一下或说声“谢谢”“太好了”“比上次强多了”等。孩子做应该做的事父母就给钱，不仅有收买的意思，而且也暗示这项工作本身毫无意义。

第三，不要让孩子过于劳累。干活儿太多会影响孩子的学习和社会活动，妨碍孩子的成长，并使孩子品尝不到劳动的乐趣而厌恶劳动。

第四，干家务只是孩子应该承担的一项任务。不能把劳动作为奖惩孩子的一种手段，要培养孩子具有劳动的光荣感和责任心。

多带孩子到自然界去。心理学研究表明，自然环境对人的心理影响极大。可以带孩子到森林去，沐浴和风，呼吸新鲜空气；可以到原野和海滨去，让孩子在草丛中观察野花和小虫，在海滩上拾贝壳，捉螃蟹，做各种游戏，以增长见识，开阔心胸。

多给孩子表现的机会。适时举行家庭表演比赛，让孩子在全家人面前大声唱歌、朗诵、表演等，对培养孩子的表达能力大有好处。

多与孩子聊天儿谈心。比如每晚约定一个半小时的谈话时间。父母多做听众，让孩子讲讲学校一天内发生的有趣的事。

与自己比较。让孩子建立一个自我比较表，将每天回答老师提问的次数记下来，订立一个目标，比如，每天要比前一天多回答一次。这样循序渐进，孩子不爱说话的习惯一定会有所改变。

赞美。当孩子取得进步后，父母一定不要吝惜你的赞美，要向孩子表达你对他的进步感到由衷的喜悦，并以他为骄傲。你的赞美将是他继续努力的最大动力。

孩子有攻击性行为怎么办

小龙是一名五年级的学生，由于爸爸是老来得子，对他特别宠爱，但当他做错事时，老爸却是用鞭子抽他或吊起来打他。小龙对爸爸从不敢反抗，但对妈妈稍不如意扬手就打。在学校里，小龙喜欢与低年级的同学一起玩，经常没有原因地踢、打低年级同学。而对于本年级同学，他除了打打头、拍拍肩，冲动时会拳打脚踢外，还经常通过言语来讽刺、挖苦、谩骂其他同学，同学们都不喜欢和他在一起玩……

小龙是个典型的攻击性比较强的孩子。有攻击性的孩子大多有以下表现特征：多动、性急、倔强、情绪易激动、自控力差……当您的孩子出现这种情况时，怎么办?

注意教育方法，尊重孩子的自尊心。当孩子取得成绩时，家长不能置之不理，千万不要用“是吗?这有什么了不起”这样的话语来泼冷水。当孩子犯了错误时，如果家长还奚落他“你怎么这么蠢，连这点儿小事都做不好”，孩子的自尊心经常这样受打击就可能产生自卑感，会自暴自弃，缺乏前进的勇气和信心，在这种情况下，情绪容易激动，就有可能产生攻击性行为。因此，当孩子取得成绩时，家长应给予恰如其分的评价和鼓励；当孩子犯了错误时，一方面，不姑息，不放任，另一方面，要帮助他们认识错误，动之以情，晓之以理，即使是屡次犯错误的孩子，也应挖掘他们的闪光点，对他们的微小进步给予充分肯定。

培养孩子的同情心。研究表明，同情心缺乏的孩子易发生攻击性行为。专家指出：有攻击性行为的孩子如果能够推测和体会到被攻击对象的痛苦和感受，会进一步产生自我谴责感，那么就不会再想攻击他人了。因此，可以让被攻击性的孩子面对有攻击性行为的孩子，讲述自己的感受，让有攻击性行为的孩子体会与感受被攻击者的痛苦，激发他的同情心。

自我调节法。孩子在生长加速期间，兴奋与抑郁两大系统的失衡发展，就可能引起行为的过分冲动。同时又由于小学生已具有初步的独立思考能力，喜欢争辩，爱与家长顶撞，使得这些孩子容易出现多动、性急、暴躁、倔强、情绪易激动，对自己的消极行为难以自控等现象。根据这一特点，父母要教育孩子学会分析和调节自己的情绪，学会用转移、克制、自我暗示、自我提醒等方法，使情绪强度、表现方式都控制在有益无害的范围内。

消退法。孩子打架欺负同学大多是为了自我显示，目的是想引起别人的注意。对此，家长可以暂时不加理会，使他们的攻击性行为得不到他人的注意，受不到强化。同时，家长亦可表扬孩子其他有积极意义的行为，这样，实际上就是间接地批评攻击性行为。然后，在适当的时候，家长再与孩子以谈心的方式婉转地告诉他这种行为的错误与幼稚。

隔离法。对于一些攻击性行为较严重的孩子，可把他安置到一个面积较小但通风条件较好的单独的房子里，使他得不到任何强化信息的环境，并对他说："你好好想一想，你刚才的行为对不对？"让孩子明白他是因攻击性行为而被隔离的。使用此法应注意：①时间不宜过长，一般 15~20 分钟。②不宜当着外人的面。③不宜经常采用。

如何让孩子改正讲粗话的毛病

"老师常常反映，我的孩子在学校里经常讲粗话，影响十分不好。我们也责令其改正，但效果不大。对于这种现象该怎么办?”这样的情况总是让家长十分尴尬，有的家长甚至感到很疑惑，不知道孩子是从哪儿学到的这些粗话。针对这一问题，家长可以从以下几方面入手：

教育孩子尊重他人。家长要经常用些讲文明、有礼貌的故事教育孩子，让孩子接受文明礼貌用语。如见了老师或长辈问声“您好”；与同学或家人道别时说声“再见”；得到别人的帮助说声“谢谢”；无意做了影响他人的事说声“对不起”；别人向自己道歉时说声“没关系”；回到家时说声“我回来啦”等等，让孩子养成良好的文明用语习惯。

教育孩子正确处理与他人摩擦的关系。多数情况下，孩子讲粗话是对自己受到伤害后的一种宣泄反应，如被人触犯时往往会用粗话骂人。家长平时就要教育孩子以善良之心看待与他人的摩擦，让他们知道人与人之间随时会发生不愉快的事情，应学会宽容他人的过失，不要为一些小事而生气，同时更应注意不能用粗话来攻击同学。

教育孩子学会冷静。当孩子遇到摩擦并想破口大骂时，家长就要暗示他们，冷静一下，用冷静的头脑考虑如何文明地表达自己的意思。如粗话已脱口而出，就应及时制止，并说明讲粗话不能解决问题，只能显示自己没教养。家长长期坚持这么做，孩子讲粗话的毛病就能得到改正。

坚持要求讲粗话的孩子检讨。当孩子讲粗话后，家长要严肃地批评、教育他。批评时可以向孩子提出：为什么要讲粗话？不用讲粗话的方式“还击”行不行？讲粗话能解决什么问题？被骂者会产生什么态度和采取什么手段报复？等等。让孩子知道和认识讲粗话不会解决任何问题，只能加深矛盾而影响团结，从而促使孩子主动向被骂者道歉认错（如果双方都有错应教育他们互相道歉认错），达到团结的目的。这样，家长坚持数次，孩子也会改掉讲粗话的不良习惯。

以身作则，净化家庭语言环境。孩子的语言表达方式，在很大程度上是模仿成人（尤其是家长）形成的，因此家长在家庭中要注意自己的文明语言，尽量做到不讲粗话，无论对什么人（包括自己的家人）都要态度和气，注意自己的形象，给孩子起表率作用。

配合学校运用规章制度教育孩子。平时家长应配合学校用《小学生手册》和《小学生日常行为规范》中的有关条例对孩子进行教育，并让孩子对同班同学或同桌同学提出要求，对孩子自身进行监督，一发现讲粗话，同学之间就应互相善意地给予指出。

如何让孩子养成节约的好习惯

多年以前，我们的父母常对我们说的就是一句：“该花的就花，不该花的别花……”而今天，更多的父母会对孩子这样说：“你们不用管钱的事情……”刚入中年的父母，事业多是处在顶峰，即使不是大富大贵，也是衣食无忧了。加之又只有一个孩子，用在对子女身上的花费自是不少。给孩子零花钱是正常的，但父母不能无节制地给孩子零花钱，也不必刻意减少或是不给孩子零花钱。关键是让孩子学会合理支配零花钱。孩子能合理地支配零花钱，可以培养孩子的责任感和决策能力，并可以让孩子逐渐加深对金钱价值的理解。对此，父母可做的是：

给孩子固定的零花钱。从孩子上小学一年级开始，可以固定给他们一些零花钱。最好的方法是每星期的同一天，给孩子以同样数目的钱，这样可以使孩子做到心中有数。究竟该给孩子多少零花钱，家长可根据每个家庭的经济状况而定。这样，孩子就会懂得如何去规划自己的开支。

达成使用零花钱的协议。关于零花钱，父母应郑重其事地和孩子进行讨论，以期达到彼此满意的解决办法，并且要告诉孩子，协议一旦达成，他就必须遵守执行。也要让孩子明白，零花钱是家庭生活中的一项制度、规矩，并不是父母对他施加压力的一张王牌，也不会因父母的情绪好坏而随意增减数量。

允许孩子有失误。孩子最初花钱时出错，以及买东西时欠考虑都是意料之中的事，应该允许他们出错。你让一个刚学会简单算术的孩子去买一斤盐，回家的时候才发现，找回的钱并不是应该有的那个数，你不必责怪他，只需说一句："没关系，慢慢来。"孩子听了会觉得很内疚，在以后买东西时，他一定会很注意。

给孩子的零花钱，不得超过你家的负担能力。假使孩子对零花钱的多少提出异议，你可以诚恳地告诉他："我是希望能多给你一些零花钱的，但是我们的预算有限。"这是一种比较好的办法，要比试图去说服孩子他并不需要更多的钱好得多。

所给零花钱足够支付孩子合理的开支。要把孩子的花费和需要放在心上，以便决定给他多少零花钱。这个问题，需要夫妻双方配合默契。一个家庭必须有一个人主管钱，孩子的零花钱也应由这位主管来支付，这是防止孩子乘机多要钱的办法之一。作为家庭主管也应懂得按时按量地支付孩子的零花钱，不致因为工作或家务繁忙而忘了这回事。

给孩子在银行开个“卡折合一”的账户。每月给孩子一定数额的“可支配资金”，让他有消费的自主权，并建账管理，订立 “财务制度”，开支要“扣税”，结余有奖励。这样能培养孩子的理财能力。这种能力是孩子将来在生活上和事业上不可缺少的。愈早培养，效果愈佳。

孩子偷拿家里钱怎么办

小孩儿拿了家里的钱，该怎么办呢？很多家长很着急，又不好意思，觉得不光彩，因为这个问题不像谈孩子其他缺点错误，可以理直气壮一些。其实，家长出于道德判断，把这个问题看得过于严重了。只要我们认识清楚，采取正确的教育方法，纠正这个毛病并不难。

首先，对孩子拿家里钱的行为，轻易不要用“偷”这个字。孩子本来是家里的一个平等成员，因其小，不经过家长同意拿钱花固然是不对的，但毕竟花的是家里的钱。所以，家长不宜用“偷”字来表达孩子的行为，应该用“拿”，这样在心理上对孩子压力小些，有利于教育。

满足孩子的合理要求。孩子拿家里钱花是为了满足某种需要，比如买喜欢的文具、玩具，买喜欢吃的东西，玩游戏机或参与其他娱乐活动等。他们要满足这些需要，以正当方式跟家长要钱往往通不过，于是采取私自去拿的办法。对孩子的一些合理要求，家长应尽量满足。

冷静处理问题。家长发现问题后，不要怒不可遏，连打带骂，而应尽量控制自己。把孩子叫来，坐下来认真交谈。让孩子谈是怎么样想的，花钱买了什么东西，怎么处理的。然后家长再根据孩子的行为，耐心教育孩子。

向孩子说理。学龄期的孩子已经有了辨别是非对错的能力。根据实情，父母可以给孩子重点分析两方面问题：一是是非问题。联系实际，给孩子讲清如何对待钱会反映一个人的品质，小的毛病发展下去，会铸成大错。二是想花钱应该怎么办。告诉孩子，想买什么跟家长说，家长给钱或不给钱是经过思考的，要钱就给对孩子成长没有好处。如果家长平时忽视了孩子的某些合理需要，应该向孩子做自我检讨，让孩子服气。

给孩子适度的零花钱。孩子需要零花钱，有的家长根本不给是不妥当的。给零花钱多少要从实际出发，看家庭经济条件和孩子实际需要，而且要指导孩子怎样花钱。

准备储钱柜和记账本。在家里专门准备一个抽屉或匣子，放上十几元或几十元钱，让孩子急需时取用。钱最好是一元一张的，还可有些零钱，里边放一个本做记录用。家长要明确告诉孩子，这里的钱在急需时可以拿去花，不过拿多少，找回多少，买什么东西要记下来，还要写明时间。这样，把主动权交给孩子，孩子觉得家长信任他，反而不会乱花钱。如果孩子花钱不当，要及时讨论、引导，培养孩子养成合理消费的好习惯。

教孩子学会存钱。压岁钱和剩余的零花钱给孩子储存起来，开一个活期存折，陆续存入，当孩子真正需要时，用多少取多少。这不仅能培养孩子积累资金的能力，而且还能培养孩子养成量入为出的好习惯。

尊重孩子。改变孩子拿家里钱的行为，出发点首先是尊重孩子的人格，切不可一下子把孩子看扁了，随意惩治会伤害孩子的自尊心。家长要在整个教育过程中充满理智，要有孩子行为出现反复的心理准备，用反复的教育去解决反复的问题。

如何帮孩子戒掉网瘾

当社会进入信息时代，网络也走进了万千孩子的日常生活。当网络极大地拓宽孩子的知识面和视野的同时，家长也忧心忡忡地发现自己的孩子似乎越来越依赖网络，越来越离不开网络了。更有些孩子到了上网成瘾的地步。据最新的统计数字显示，70%的青少年存在轻度网络依赖，每天都要摸电脑，有 5%的青少年严重痴迷网络。

网络成瘾属于一种精神障碍疾病。据了解，网络成瘾有如下几个特征：对网络有很强的心理依赖，每天上网在 3 个小时以上，每周上网时间为 40~80 小时，离开网络就浑身不舒服，比如乏力、食欲不振等，如果家长阻拦其上网，比如把他锁在家里、不给他钱，他会通过各种手段逃跑、找钱去上网，因为上网就会有一种愉悦感和满足感。长时间上网会在大脑诸多神经元中制造“上网兴奋点”，这些兴奋点会使大脑对上网产生持续的兴奋，这种成瘾的病理与吸毒、赌博十分相似，也像吸毒、赌博一样很难戒断。面对这一棘手的问题，家长可以从以下几方面入手：

关爱孩子，多与孩子交流。针对青少年逆反心理较强的特点，最好采用这种方式对其进行教育。父母应该积极与孩子进行平等的交流沟通，去了解他们的内心世界，给孩子以精神的关怀、理解。绝对不能责备和训斥，甚至采用极端方法。每天尽量抽出一定的时间耐心地陪孩子聊天儿，对孩子每一点儿微小的进步都毫不吝啬地进行表扬和鼓励，尽可能去发现孩子身上的闪光点。

移花接木法。青少年求知欲强，对新事物大多是全身心地投入。所以，家长应积极采取措施转移孩子的注意力，将孩子的求知欲引向正确的轨道。从青少年积极向上的心理特性出发，帮助其树立远大的目标，培养高尚的情操，加强自控力。随时注意观察孩子有什么兴趣、爱好，根据孩子的喜好，让他在课余参加兴趣辅导班，或者带着他参加感兴趣的体育活动，让他尽可能远离网友和网络，把时间和精力逐渐转移到积极健康的活动中来。并且，家长还要注意平时多收集一些积极向上的例子引导他，尊重孩子的认知。如有条件，家长还可以常带孩子外出旅游度假等。以此来消除与孩子间的隔阂，满足孩子对精神之爱的需求，减少孩子上网的欲望。

趋利避害法。在孩子开始接触网络时，家长就应该让孩子明确上网的目的是拓宽知识，帮助学习。可以教给孩子利用网络查找资料的正确方法，尽量发挥网络的正面作用。

避重就轻法。对孩子上网，家长不能一味地指责与干预，对于孩子上网寻求健康有益的内容应给予满足，以利于取得孩子的信任，与孩子建立沟通渠道。如果孩子上网时间过长、上网次数过频、上不健康的网站，家长就应该对孩子进行引导与制止。这种方法是很容易让青少年接受的，也不会诱发青少年的逆反心理。

重在预防。当孩子染上网瘾后，问题就比较严重，也比较难处理。所以父母要防微杜渐，做好预防。以下方法可以很好监督孩子上网。

注意孩子的上网时间。当你不知道孩子每月的上网情况时，不妨注意一下每个月的电话费账单或者你的信用卡账单，因为互联网上的有些内容必须通过注册后，通过信用卡支付费用或支付电话费才可获得，当你发现家中的电话费或你的信用卡支出异常时，不妨了解一下你孩子的上网情况。

不要提供封闭的上网空间。将家中的电脑放在你们视线能及的地方，不过早给孩子提供独立封闭的上网环境。

安装一个网络过滤器。这样可以将一些不适合未成年人的网络内容拒之门外。

家校配合，共同监督。对有网瘾的孩子一定要加强监督，这光靠家长的力量是远远不够的，要密切与老师的联系，共同监督防范。

寻求专家帮助。一些大医院已经设立了治疗网瘾的专门门诊，如果孩子的网瘾问题比较严重，就应及时带孩子接受专门的治疗。

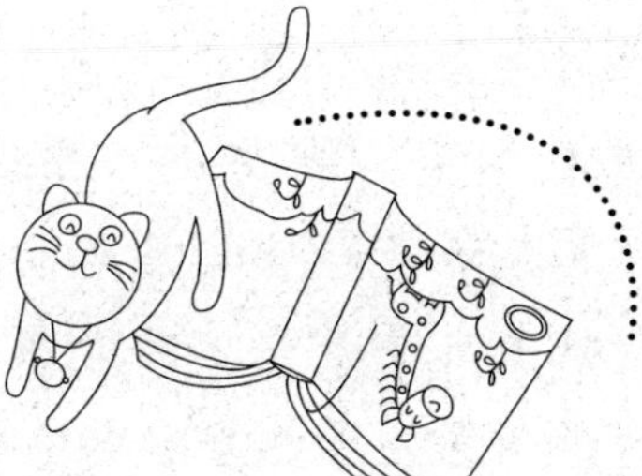

第三章 训练思维，学会快乐

——家庭是一个人个性和心理发展的摇篮

小学阶段是一个人个性和心理发展的重要阶段。埃里克森的心理社会发展阶段理论把人的一生从婴儿期到成人晚期分为8个发展阶段。他认为，在每个阶段，人都需要面临并克服新的挑战。每个阶段都建筑在成功完成上一阶段的任务的基础之上。如果一个人没能成功完成其中任何一个阶段的挑战，今后就可能会面临困难，表现出问题。他提出，童年中期（6~12岁）这一阶段，儿童的社会心理危机集中表现为胜任与自卑。家庭从某种意义说是孩子个性成长和社会心理发展的摇篮，家长是孩子成长最重要的老师。这个阶段，虽然孩子大部分的时间是在学校度过的，但千万不要以为把孩子送到学校，交给老师就万事大吉了。家长如何俯下身、静下心来了解孩子的需求，因势利导，对症下药，帮助孩子解决各类成长问题和冲突，对于建立良好的亲子关系，促进孩子健康成长意义重大。

如何培养孩子良好的个性品质

恩格斯说过："人的个性是世界上最美的花朵。"每个父母都希望孩子健康、活泼、开朗、自信、随和，有良好的个性。个性，是指一个人比较稳定、比较经常的心理特征。这种心理特征决定着这个人对事物的态度和行为方式。它不仅体现在一个人的信念、理想、世界观上，也体现在一个人的兴趣、能力、气质和性格上。所以心理学中也称个性为个性品质。那么，该如何培养孩子良好的个性品质呢？

对孩子与同伴交往持积极的态度。因为只有在交往中，孩子才能逐渐认识自己，并磨炼出自己的个性品质。在同伴中，儿童需要自己动脑判断，需要体现自己的力量，于是他的积极性、主动性和创造性就会得到激发，可以锻炼初步的社会活动能力。因此，我们应积极地为孩子们之间更多的交往创造条件。

经常教育孩子树立自信心，并多给孩子成功的体验以培养其自信心。有时，孩子做某一件事把握不大产生畏难情绪时，我们就应该鼓励他，叫他大胆、放心、努力地去做；即使做错了，也不要去责怪他，而是和他一同寻找原因，从而把事情做好。这样就能使孩子明白，生活中的挫折和失败并不可怕，可怕的是被挫折和失败磨掉了对生活的信心。

给孩子获得他人赞赏的机会。有时候家里有亲戚朋友来访时，我们就适当地拿些孩子所作的画或小手工制作，给他们欣赏，亲友的赞叹声，对孩子也是一种鼓励，孩子通过别人对自己行为的评价而认识自己，大人的赞许加上自己动手实践，孩子能经常获得成功的体验，这样就树立了孩子的自信心。

以游戏促进孩子个性的发展。一些游戏能使孩子产生愉快的情绪体验，使他的性格变得热情而开朗；一些游戏则通过在扮演各种角色的过程中，培养孩子的责任感和义务感。

培养孩子的荣誉感和自尊心。在日常生活中结合具体情境，向孩子揭示有关道德行为的是非、善恶，对孩子的正确行为给予及时表扬，并且以讲故事、做游戏等方法进行诱导，培养孩子的荣誉感和自尊心。

注意培养孩子多种兴趣。为孩子提供参与各种各样活动的机会，使孩子有许多获取愉快的源泉。

要做好表率。家庭环境对儿童的影响非常大。父母以及其他和孩子接触最多的亲人，是孩子最早的老师，孩子总是有意或无意地模仿着他们的一举一动，他们对人对事的态度和行为方式都可能迁移到孩子身上。所以，家长的言行在孩子面前都要尽量做好，以一个良好的个性品质影响、感染孩子。

“角色”要适当。家庭生活中，每个成员都在有意无意中扮演着某种角色。家长不能溺爱孩子，让他扮演“一家之主”的角色。这样的孩子不是变得自私自利、任性胡闹、蛮不讲理，就是变得依赖性强，遇事缺乏主见。所以家长要摆正孩子在家庭中的角色、位置，过分宠爱孩子不利于他良好个性品质的形成。

教会孩子克服紧张情绪

生活上的紧张是谁也无法避免的。当孩子做错了事，害怕老师或父母批评而忐忑不安时；当考试来临，面对许多功课要复习时；当遇到难题而又迫切想把它做出来时，孩子们都有一个共同的体验：紧张。当孩子处于紧张状态时，意识活动常常受到干扰，很容易造成思维不清、判断失常，本来很容易达到的目的也难以实现。

怎样才能帮助孩子克服紧张的情绪呢？

营造良好的家庭环境和生活氛围。造成孩子心理紧张的因素有很多方面，诸如社会环境、人际关系等等。因此，要想孩子对生活中出现的各种紧张刺激具有较高的耐受力，父母必须给孩子营造良好的家庭环境和生活氛围。在家庭里，父母之间的关系和睦、融洽；对长辈尊敬、爱戴；对孩子友善、随和，要求不苛刻，使家庭保持轻松、愉快的气氛，为孩子的成长建立宽松的家庭环境，孩子的身心就会得到和谐发展，适应性也会强。相反，如果孩子回到家，见到的是父母板着的面孔，听到的是刺耳的训斥、争吵，感受到的是冷冰冰的家庭气氛，孩子自然会变得敏感、胆小、怯弱，容易紧张。而父母如果过分重视孩子的学业，压抑孩子其他方面的爱好、娱乐等，孩子会因沉重的压力而紧张。

养成孩子宽容大度的品质，培养孩子开朗、活泼的性格。俗话说得好："宰相肚里能撑船"。宽容大度的秉性、开朗豁达的性格易使孩子养成大事化小、小事化了的做事风格，遇到紧张的刺激容易自我化解，对付紧张状态的能力和耐受力就强。

让孩子具有强健的体魄。强壮的身体，能更好地帮助孩子抵制紧张的刺激，不至于一遇到刺激就紧张。经常参加体育锻炼能让孩子精神饱满，心胸开阔，不因一点点小事就紧张担心。

让孩子掌握心理上的防御机制。孩子在社会生活中不断和他人发生接触交往，他人的行为往往构成导致紧张的因素，因此，让孩子掌握心理上的防御机制，如回避、否认、识别、转移、理智化等等，有利于孩子克服紧张情绪。

教会孩子一些克服紧张情绪的方法，变压力为动力。

1. 注意力转移法　如遇到难题解不出来时，教孩子把它放一放，先不去想，休息一会儿再想或放到第二天再想。又如，孩子准备上台演出，之前总是紧张得手足无措。这时，家长可引导孩子谈论或做些别的不相干的事，使孩子不再注意演出的事，紧张情绪自然就缓解了。

2. 深呼吸法　遇事感到紧张时，心里尽量不去想产生紧张的事情，不断深呼吸，缓解紧张情绪。

3. 体育锻炼法　参加体育锻炼和户外活动，加速血液循环，驱散紧张的情绪。

4. 阿 Q 精神胜利法　无论在学校、公共场合还是在家里，尽可能不要有情绪冲动，要尽可能做到遇事豁达、心胸开阔，保持心情的舒畅和愉快。即使遭受挫折或事情不如意，也要相信自己，偶尔来点儿“阿 Q 精神”，充满乐观精神，坚韧不拔地为成功而奋斗。

让烦恼远离孩子

——妈妈，我的学习成绩总提高不上去，该怎么办啊？

——爸爸，同学们见我个儿矮，总给我起外号，我该怎么办？

——唉！今天不知怎的跟好朋友闹别扭了，心里乱得很。

——爸爸，我已经写完作业了，你怎么不让我出去玩一会儿呢？我心里好烦啊！

孩子在成长过程中，无论是在学校还是在家庭里，都或多或少地会遇到不同的烦恼，当你的孩子遇到烦恼时，你是否意识到，如果不及时去了解孩子的烦恼，不去帮助孩子减少烦恼，轻者会对孩子的心理产生不良影响，重者会使孩子走入极端。孩子的心灵是脆弱的，当他的美好愿望与现实产生矛盾时，就会有烦恼，作为父母，应该怎样帮助孩子消除烦恼呢？

多关注孩子的烦恼。如果父母忽略了孩子的烦恼，以自

己工作忙、事务多为由不在意孩子的感受，必会对孩子的身心健康产生消极影响。当孩子烦恼时，不妨耐心听听他们的倾诉，触摸他们的内心深处，了解孩子，以认真的态度对待，尊重孩子，赏识孩子，正确引导孩子积极地消除烦恼。

要学会倾听孩子的烦恼。如果孩子觉得你是一位善意的聆听者，他们会向你吐露藏在内心深处的秘密，自然而然地愿意寻求你的帮助。作为家长，对于孩子的烦恼，你要会像处理其他事情一样得心应手，因为你的耐心将给你丰厚的回报。这里面也是很有学问的。

第一步：尝试采取直截了当的方式

选择适当时机。当你和孩子独处且无任何压力时。例如一起外出时，或是在接孩子放学回家的路上，和孩子玩某种轻松惬意的游戏时，和孩子单独进餐时，在孩子就寝前的片刻时间，等等。

肢体语言。身体亲近。如果孩子不愿和你交谈，你可以离他远些，然后等上几秒，看他是否向你靠近。

目光交流。若是女儿，则正面注视她的眼睛；若是男孩，则肩并肩，不时地瞥他一眼。

语音语调。清晰明朗、注入感情。避免发笑或是幽默腔调。

言简意赅。提问要简洁明了，切中肯綮。例如：“有什么心烦的事?”“你好像在学校遇到了什么麻烦事?”

第二步：掌握交谈的适当时机

有时你想了解孩子的烦恼，可孩子却不愿向你倾吐。当遇到这种情况时，你就要学会掌握交谈的适当时机。

第三步：向老师咨询

小学老师大部分时间都和孩子们待在一起，他们十分了解孩子们的行为、心理。作为家长，你可以私下里向老师说说孩子的某些反常行为，从老师那里探知一些情况。

教给孩子消除烦恼的方法。了解了孩子的烦恼，就要具体教给他一些消除烦恼的方法：

学会倾诉。让孩子有了烦恼，不要闷在心里，学会倾诉自己的烦恼，帮助孩子认识自己、悦纳自己，避免长时间积聚烦恼，产生紧张、悔恨、绝望等情绪。每天要留给孩子一定的倾诉时间，如晚饭后或临睡前，设身处地站在孩子的角度，替他分忧，为他解难。无论孩子闯多大的祸或考得多糟糕，都应理智地对孩子讲：你是个聪明的孩子，是个好孩子，同孩子携手跨过烦恼障碍。

自我放松。可到空旷之地大喊一声或有节奏地进行深呼吸，也可做感兴趣的事情冲淡烦恼，如看书、找小伙伴聊天儿、室外运动、听音乐、洗热水澡等。因此，家长不要过多约束孩子，要让他们参加各种有益的活动，多种爱好选择，这样便会使孩子有多种自我放松方式，使孩子形成内在动力，有意识地培养健康人格。

让孩子学会控制愤怒

“我孩子的脾气太臭了，动不动就发火摔东西。”“我的孩子脾气太犟了，说他几句，便赌气摔门，跑到外边半天不回来。”这是常听到一些家长发出的无奈的感叹。那么，家长应如何改变孩子的易怒情绪呢？

了解情况，表示理解。当发现孩子生气的时候，家长首先要问清楚原因。有时孩子表达不清，需要成人的提示来回想自己生气的理由，如“你是不是不舒服？”或“是不是和小朋友吵架了？”

问明情况后，家长对孩子给出的合理理由应表示理解和尊重，如“我知道你受到了伤害，我们一起来想办法解决。”但应该拒绝那些任何人都无法相信的借口。在采取约束性措施之前，先让孩子离开令他生气的环境，并与孩子进行平和冷静的交谈，这样能防止孩子的愤怒情绪的继续累积和扩散，还能帮他保全“面子”。

露出笑脸，给予拥抱。温和的笑脸往往能使孩子的盛怒降温，减少敌对情绪。家长在了解孩子发怒的原因后，最好缓和一下气氛，给孩子一个轻松温和的笑脸，这样有利于随后进行冷静的讨论，使情况好转。

有时候，家长只需要向孩子表达自己的关爱之情就足以使孩子转怒为喜。走近正在生气的孩子，给他一个亲吻或拥抱，都可以起到镇静作用。年龄小一点儿的孩子喜欢让大人和他一起玩，所以，如果孩子正在发脾气，要把玩具摔坏来发泄自己的愤怒，家长就可以告诉孩子自己很喜欢这个玩具，从而阻止他的行为。当孩子正为一大堆家庭作业而烦恼时，家长及时走过去帮助他，用口头或身体语言对他进行鼓励，也可以避免他大发脾气。

教孩子合理表达情绪。就算是有合理原因的愤怒，也要建议孩子用合理的方式表达出来。允许他用语言大声讲出来，但不能用动作来泄愤，要绝对禁止孩子在发怒时打人或摔东西，应鼓励孩子直截了当地表达自己的愿望，而不是用委屈和抱怨的消极态度把愤怒憋在心里。如果孩子告状说“小明抢走了我的玩具”。你可以这样对孩子说：“去告诉他，玩具是你的，你想要回来，如果他不听，你会找父母帮忙。”

帮助孩子转移注意力。每当孩子想发火时，父母可以适当地转移他的注意力，比如让他去看阳台上的花开了没有，或叫他去与小伙伴玩一会儿，或放一放他喜欢看的片子等。孩子的注意力一转移，浮躁的心情便会逐渐安定下来，愤怒情绪慢慢会自动消失。

还可以建议他去做一些他喜欢做的事情来释放情绪，借此转移注意力。例如出去散散步，在喧闹的音乐声中随便跳跳舞，或者跳绳，从而改变血液流动方向；洗个澡，把愤怒“洗掉”；用双手挤压泥土、撕废纸，或拥抱一下自己；到户外或者是自己的房间大叫；拍打枕头或者扔球玩，等等。

晓之以理，动之以情。孩子发脾气时，父母不要“硬碰硬”，对他横加指责。要等他气消之后，以低沉的声音、难过的表情，指出这种行为太伤父母的心，太不应该，并帮助他认识这种坏脾气一旦形成会有什么样的坏处。父母动情的样子，相信会让孩子感到难过，也会后悔不已。父母此时可“趁热打铁”，鼓励他树立信心，把坏脾气改掉。同时，父母也要耐心地帮助他，不要一次没结果便放弃努力。

要多让孩子出外散心。可以晚饭后带孩子散散步，看看花草，听听风声，或者放放风筝。让孩子感受人生的乐趣，感受大自然的美，从中陶冶情操，利于帮助孩子提高自我控制力。

以身作则。父母是孩子的第一位启蒙老师，孩子的言行举止多半是从父母身上潜移默化学来的，要使自己的孩子不动辄就发怒，父母首先要控制好自己的脾气，不要让孩子看到自己暴怒的样子。要和善待人，为孩子营造祥和、宽松的气氛，在这种安定、温暖的气氛中，孩子易怒的心境就会渐渐地变得平和。

教孩子学会宣泄不良情绪

“情绪”的问题越来越受到人们的关注，大人们开始注意到自己的情绪，也开始注意到孩子的情绪。可有许多的父母还没有开始重视孩子情绪的问题，总以为孩子年龄小，没有什么太大的情绪感觉，即使有点儿情绪，一转眼也就烟消云散。确实，孩子的情绪犹如天上的云，有时让人捉摸不定，有时来得快去得也快。如果我们的孩子有了情绪不会排解，久而久之，一定会产生心理问题。

孩子有情绪并不可怕，关键是我们的父母要去重视，允许孩子把它表现出来，而不要去压抑它。让孩子明白将心中的情绪宣泄出来了，心绪也就平和了。那么，家长如何帮助孩子宣泄情绪呢?

心平气和地对待孩子的各种情绪。因为孩子不会无缘无故地发脾气，所以家长要了解原因。只有孩子的各种情绪得到适当的宣泄，才能保证孩子的心理健康。家长应允许孩子有气愤、悲伤、不满和痛苦等情绪。

给孩子做榜样。父母用适度的方式表达自己的喜怒哀乐，孩子在潜移默化中就会模仿学习。很多研究都揭示了父母榜样作用的巨大力量，以及父母与孩子的情绪交流对孩子的良好作用。

鼓励孩子说出来。高兴的事情说出来与人分享你会更高兴，难过的事情说出来才能帮助你找到解决的办法，而愤怒的事情说出来以后你的气就已经消解了一大半。

允许并鼓励孩子申辩，表达他们的不满情绪。不要只是关心孩子是不是“乖”、是不是做了好事，而不顾及他们的心理感受。比如允许孩子说“我不想玩这个（玩具），我不喜欢”，对此，千万不要简单责备他。

鼓励孩子用多种方式表达情绪。比如用绘画的方式表达：有时候孩子不愿意诉说，他们更愿意通过绘画来表达自己的情绪。或鼓励孩子把自己生气的感受写在日记上，或者让孩子大吼一声，或者洗个澡等等，使孩子的不良情绪得以缓解。

和孩子一起分析原因。有时候孩子需要成人提示来回想自己生气（或者高兴、难过）的理由。例如“是不是因为他没跟你说就拿走了你的玩具?”“是不是因为妈妈没有陪你玩?”“是不是见到妈妈特别高兴?”

转移注意力或发泄不满情绪。比如，带他到公园、娱乐场所去玩，分散他的注意力；或者平时引导他多参加能坐下来、需动脑筋、时间较长的活动，养成孩子坐得住、有耐性和克制自己的习惯。如绘画、练书法、下棋等；或者让他参加体育活动，如打球、跑步等；或者听听音乐、唱唱歌；等等。

不要使孩子不适当的情绪行为成为向大人提要求的手段。孩子最初发脾气、哭闹、折腾是发泄愤怒、不满和兴奋的情绪，如果这时候成人提出其他妥协条件制止孩子的胡闹行为，孩子逐渐就会用这种方式来向大人提要求。特别是孩子在有客人的时候或公共场合，更容易发脾气或哭闹，父母切不可态度温和或者妥协，使孩子有机可乘。父母的态度要坚决，语气要强硬（但不是专制与打骂），使孩子知道他这样做没用。

当孩子面对挫折与失败时

评“三好”学生的活动开始了。小宇觉得自己的学习成绩优秀，所写的作文还获得了发表，满以为评上市“三好”肯定没问题，没想到他连评上校“三好”也还差几票。他沮丧、难过，回到家便倒在床上哭了起来，以后做什么事都灰心丧气，打不起精神来。

当你的孩子像小宇一样，遇到挫折与失败时就一蹶不振，你该怎样培养孩子的抗挫力呢？

引导孩子客观地看待造成自己失败的原因。父母可以经常和孩子一起分析遇到的问题，教会孩子学会从不同的角度来看问题，从中总结战胜挫折和失败的方法，正所谓“吃一堑，长一智”。

培养孩子对自己的自信心。正在成长的孩子需要时间来体验挫折、享受成功从而认识自己。家长要给孩子实践、体验的机会。教育孩子不要只在乎成功与否，而应注意参与以及参与过程中的积极探索。家长还要注意发现孩子身上的闪光点，多表扬孩子，让孩子能正确看待自己的优缺点。

发挥榜样的力量。榜样的力量是无穷的。在具体的榜样形象的感染下，孩子能加深对挫折的认识，激起内在的上进热情，提高把挫折转化为使自己锻炼成长的能力。家长要常给孩子讲古今中外名人战胜挫折的典型事迹，通过启发诱导让孩子懂得：人要有理想，要实现理想，就得付出艰辛的劳动代价；人生的路并不是一帆风顺的，面对挫折和困难，要有战胜它们的勇气和毅力。

在实践活动中磨炼抗挫意志。家长要注意创造锻炼孩子克服挫折的环境，有意识地让孩子磨炼意志，培养抗挫能力。如带孩子去“远足”“定期让孩子当家”，让孩子做到自己的事情自己做等。

改变家教方式，锻炼孩子意志。我们的孩子大多都缺乏必要挫折、困苦的磨砺，意志也较脆弱。家长应该做到：

改变溺爱娇惯孩子的教养方法，有意识地让孩子吃些苦，特别对孩子的不良习惯，更应该严格要求，使之逐渐克服，切忌简单粗暴，打骂体罚。

增加孩子的活动量，让他们帮父母做些力所能及的家务活儿，户外活动和独立活动也要增加。

教育要做到持之以恒，不怕艰巨、反复。坚持正面教育，以表扬鼓励为主，即使批评也要先肯定孩子的点滴进步后再进行，使孩子看到成绩，这样既纠正了孩子的错误或不良行为，又不伤害孩子的自尊心和自信心。

让孩子正确认识自己。好胜的孩子由于暂时的失败容易产生自卑心理，会过分地贬低自己的能力和价值，使自己承受着沉重的压力。这时家长应让孩子学会：

正确看待过去的成绩，既不要把自己看得过高，也不要把自己贬得一钱不值。

正确地与人比较，既比上又比下，既比优点又比缺点。培养孩子承受挫折和战胜逆境的两种方法。

制造困境。为孩子制造一些困境，让孩子犯错误，犯错误是很好的学习机会。让我们看看一位妈妈的做法。儿子要到山里参加夏令营，妈妈让他自己整理行李。在他走之前，妈妈检查了他的行李，发现他没有带够衣服，因为山里会比较冷，但妈妈并没有指出来。孩子高高兴兴地走了。等他回来的时候说："我的衣服带少了，冻死我了！"妈妈便开始对儿子进行启发式教育，告诉他：出发前应该先了解一下当地的气候，再做决定带多少衣服。还应该先列一个单子，再对照单子来收拾行李。这个妈妈是狠下心，先让孩子吃些苦头，再让孩子学会今后避免困境的方法，孩子在错误中吸取教训，得到了成长。

开展竞赛。多和孩子开展一些竞赛活动，先让孩子体验失败，再和孩子分析原因，教会孩子改变方法，最后让孩子体验到成功。当孩子成功后，家长给予积极暗示，如对孩子说"失败并不可怕""你真行"，必要时可以给予孩子奖励。

不屈不挠的毅力怎样培养

日常生活中，很多家长会在自己的孩子身上发现这样的现象：

总是没有毅力，干什么都没有常性。学习没多一会儿，又开始走神，想去做别的事……

老抵御不住诱惑。学习时如果有好电视或同学来找，就再也学不下去了。情绪高涨时，可以连学几个小时，而情绪低落时，又一点儿也学不下去……

这就是孩子没有毅力的表现。毅力是非常重要的一种品质。不能控制自己的人，就如同一台不能正常运转的机器。所以，家长一定要注意从小培养孩子的毅力。

鼓励孩子一心一意地做某件事。孩子的兴趣常常会很快转移，因而不少孩子今天学钢琴、明天学电脑、后天再学绘画，到头来却什么都没有学好。心理学家指出，这种“三天打鱼，两天晒网”式的学习对培养毅力往往起负面影响。不妨鼓励孩子一心一意专心致志地做某件他感兴趣的事，在获得成功之前决不歇手。由于目标明确，孩子自己会要求自己克服困难坚持到底，即使遇到挫折也不会打退堂鼓。实际上孩子坚持做一件事本身，即是对自己的意志力的培养和考验。

加强体育锻炼。积极参加体育锻炼，不仅可以增强体质，而且还可以增强心理承受能力，即培养坚强的毅力，尤其是那些需要坚持才能完成的运动项目，如慢跑、游泳、爬山、登楼等，对锻炼孩子的意志力更有效。当然家长的要求也不能过高，因为运动水平的提高是循序渐进的，逼迫孩子“一步登天”往往事与愿违，不仅达不到锻炼意志的目的，反而挫伤孩子的身子骨和宝贵的自信心，最终使孩子视“坚持”为洪水猛兽。

有意识地让孩子吃点儿苦头。在物质条件过分优裕的环境中长大的孩子，大多缺乏毅力，由此可有意让孩子吃点儿苦，如上学挤公交车，在赤日炎炎下赶路或冬泳等等。

家长做出表率。如果家长自己都缺乏毅力，那么要求孩子有毅力基本上是一句空话。很难想象一个冬泳时因怕冷而半途而废的父亲能培养出不屈不挠练长跑的儿子，要求孩子做到的，家长自己首先也得做到，要知道，榜样的力量是无穷的。

遇到困难多做鼓励。对尚未“经过风雨见过世面”的孩子，在接受意志力考验的过程中，遇到困难或挫折时出现意志消沉往往是难免的。此时，来自家长、教师乃至小伙伴的鼓励至关重要，一旦在他人的帮助和支持下，鼓起勇气渡过了难关，意志力即像打铁似的得到了有效的锻炼。

增自信强毅力。由于自信仍是毅力的“精神基础”，自卑者往往难有毅力。因此，父母应从增强孩子的自信心、消除自卑感来培养孩子的毅力。

增强孩子的兴趣。如果孩子对某件事怀有浓厚的兴趣，他就比较容易在较长时间内把注意力集中在这件事上，也会比较有毅力完成这件事。所以，家长要想让孩子做事有毅力，就必须培养孩子对这件事的兴趣，不要强迫孩子去做完全不感兴趣的事。

人生无坦途

自强不息的精神是中华民族优良的传统美德。早在我国周代典籍《易经》中就讲道：“天行健，君子以自强不息。”家长们无不希望自己的孩子具备自强不息的精神。然而我们看到，有的家长抱怨孩子依赖性太强，什么事情都依赖家长，自己能做的事情也不去做，不会做；有的家长抱怨孩子经不起一点儿困难和挫折，不能知难而进，总是知难而退。孩子不自强，是我们从小的教育错了。我们的家长常常抱有这样三个错误的观点：

“你不行！”不认为孩子有能力能做好一些事情，总是持怀疑甚至认为孩子不行的态度；

“你真笨！”否定评价和责备太多，肯定评价太少；

“我来做！”包办、代替太多，孩子自主性被严重束缚。

这些原因积以时日，孩子的自信心就会越来越弱，没有了自信，谈何自强？

让孩子从小养成自强乐观的人生态度，我们家长要做的是：

给孩子定目标。没有目标就没有奔头。每个孩子的情况不同，目标要切合实际，不能定得太高，要让孩子“跳一跳，够得着”。目标要具体，特别是针对年幼的孩子，要让他能够理解自己要达到怎样一个标准。孩子每达到一个小的目标，家长就应及时给予肯定，孩子就会增加一分自信，增加一点儿自强精神。

帮助孩子成功。每个孩子都有愿望，即使问题再多的孩子，也渴望有成功的机会，也希望品尝成功的喜悦。家长帮助孩子订出了具体奋斗目标时，还必须有达到目标的具体措施，比如可行的小计划、具体内容要求、检查办法等。成功由小到大，在于点滴积累。在追求成功的过程中，家长要给予孩子精神上和物质上的支持、鼓励和具体帮助，这是培养自强精神的关键。

变责备为激励。缺乏自强的孩子，家长越责备，孩子就越没信心，严重的还会自暴自弃。父母要转换思维方式，从寻找孩子的缺点转为寻找孩子的优点，从否定评价变为肯定评价，从责备变为激励。常用的语言是："这次干得不错""有进步，我很高兴""你真行""好棒，该庆祝一下""知错就改，挺好""有什么困难，咱们一起想想办法"……

取消包办代替，多给孩子负责的机会。面对一件事，家长不要急于教导，不要急着表示好坏，要多给孩子机会选择，让孩子学会承担自己选择的后果，为自己的选择负责，不论是好是坏。如果家长总是一味地包办代替，孩子就是永远躲在父母身后的小花，不能独自面对风雨。

教育孩子正确对待挫折。孩子的成长，必须经过各种考验，孩子在遇到挫折时，家长要教育孩子不灰心，不丧气，总结教训，振奋精神，继续前进。这是培养自强精神的重要时机。让孩子从小懂得"人生无坦途"，要树立大无畏的精神和勇气。

带孩子参加一些磨炼意志的运动。运动可以磨炼一个人的意志，比如长跑、游泳、攀岩等等。在保证孩子安全的前提下，家长可以让孩子适当地参加一些体育锻炼。这对磨炼孩子的意志，培养孩子热爱生活的情怀是十分有益的。

多愁善感的孩子怎样才能坚强

每个家长都希望自己的孩子能在各种场合最大限度地发挥自己的水平和才能，成为人生的强者。但如果你的孩子是个多愁善感的人，怎样使孩子变得坚强呢？

挖掘孩子的潜能。父母总希望按照自己的意志塑造孩子，而不尊重孩子的看法和自我评价。对于多愁善感的孩子来说，这样的做法更是不妥，会使他认识不到自己。家长平时应常问问孩子：“你喜欢做什么？”“你对什么感兴趣？”“你喜欢哪门功课？”从孩子的回答中，可使我们家长发现他们身上潜在的优势。发现了孩子的潜能，我们就可创造条件使孩子得到表现的机会，得到成功的体验，增强孩子的自信心，使孩子变得活泼开朗、坚强起来。

发现长处并多给予鼓励。多愁善感的孩子最怕被人否定。家长平时要多关注孩子的长处，并经常以赞赏的心态去感受。在日常生活中，家长还要有意识地让孩子有展示自己的机会。孩子得到了肯定，信心就更足、更坚定了，性格也会变得更开朗了。

多示范，少指责。多愁善感的孩子本身自信心就不足，容易有懦弱、抑郁、自卑等情绪，家长对孩子如果老是指责孩子这不对、那也不是，久而久之，孩子就真认为自己什么也不行了，会更加重抑郁心理。如孩子有错误时，家长要向孩子解释和示范什么是正确的，让孩子知道怎样做才对。孩子会做了，也就少了一分担心，多一分自信与乐观。

维护孩子的自尊心。目前许多家长还乐于孩子言听计从的家教方式，这样会使孩子与父母之间的代沟随着年龄的增长而扩大，多愁善感的孩子更是做什么事也不与大人说。因此，家长在管教孩子时，要考虑到孩子的感受，尊重、维护孩子的自尊心，以商量的语气、信任的目光、平等的心态与孩子沟通，使孩子敞开心扉来交流，从而让孩子得到心理宣泄，减轻心中的愁感，多一些乐观与开朗。

教育孩子要有耐心、有恒心。要使孩子改变柔弱的性格，需要转变、反复、稳定的过程。当孩子行动上有进步时，家长要抓住时机给予表扬。当孩子出现反复时，家长要以宽容之心对待，因为孩子的性格转变是个错综复杂的过程，不可能一蹴而就。家长在教育引导孩子时要克服急躁情绪，不操之过急，不气馁，要帮助孩子找出原因，树立信心。只要坚持不懈，相信一定能收到预期的效果。

多鼓励，少批评。家长一定要经常赞美孩子，留心孩子点点滴滴的进步，给孩子增强信心。同时，别忘了在赞美孩子的同时，对他提出进一步的要求，向他提议是不是可以做得更好，告诉他：“你能行，你可以。”

孩子自我中心意识过重怎么办

“我家那孩子在家很任性，全家人什么事都要顺着他，家人的教育都不听。如果有什么事不合他意，他就闹个没完。在学校他和同学相处也不好，常因一些小事与同学互不相让，发生矛盾，该怎么办好呢?” 孩子出现这种情况，最主要的原因是因为从小受到父母和长辈的过分溺爱，娇惯放纵。现代的家庭，父母以及其他长辈容易集万千宠爱于孩子一身，处处迁就孩子，容易使孩子从小就意识到“我想要什么就能得到什么，得不到只要一哭一闹也能得到”。于是就容易产生过分的占有欲望以及自大、独尊的心态，时时处处要别人迁就，还常常提出无理要求。

俗话说解铃还须系铃人。作为家长，应当从哪些方面来帮助孩子解决这一问题呢?

引导孩子学会正确评价自我。家长多和孩子谈心，引导孩子正确认识自身的闪光点和不足之处，指出这些不好的行为对他人的影响，使孩子改变对事对物时以自我为中心的观点。当然，这需要一个逐步改正的循序渐进的过程。

对孩子少溺爱、多严格要求。家庭过分的娇惯、溺爱，是孩子自我中心意识膨胀的发源地。家长应对孩子的日常行为提出一些具体的要求，对他们进行做事应替他人着想、尊老爱幼、乐于助人的中华传统美德的教育。让孩子在空余时间适当地做一些家务和力所能及的劳动，鼓励他们帮助同学、邻居做好事，使孩子在别人的赞许声中体验为他人服务所获得的喜悦。

及时鼓励、表扬。孩子克服自身的缺点需要一段较长的时间，且孩子的意志力相对较薄弱，耐心也不够。因此，家长在帮助孩子克服不良的习惯时，应常给予孩子鼓励和表扬的话语，哪怕只有一丁点儿的进步，使他们一直有信心去改正错误之处。

家长应改变以前盲目溺爱，一味娇惯孩子的做法。应该分清孩子的具体要求是否合理，对于一些不合理的、过分的要求应予以指出、拒绝，并对孩子耐心地讲明道理，指出他的不对之处，并提出批评。当然，要孩子一下子就接受肯定是不可能的，这期间必然有一个适应的过程，因此对于孩子的哭闹，家长应有充分的心理准备，一是不要再因为孩子的哭闹而盲目迁就；二是不要因为孩子的哭闹而大发雷霆，给孩子一个冷处理过程，让他意识到哭闹是解决不了问题的。

帮助孩子增强自我控制的能力。随着年龄的逐渐增长，孩子已经能够根据一定的道德标准来评价好坏，有了好恶情感，同时，孩子情感的稳定性逐渐增加，控制能力不断增强，逐渐学会了控制自己的冲动。家长可让孩子思考一些道理：乱发脾气有什么坏的影响？别人会怎样看待你？如果到哪里别人都不欢迎你，你会有什么感受？等等，让孩子意识到要学会自我控制，克服不良行为。

让孩子融入小伙伴中去。孩子孤独容易乖僻、任性、自我，而在与同伴们玩时，因为大家相互之间是平等的，任性、自我不受大家欢迎，所以就会使孩子认识到要与人交流，就不能过于以自我为中心。同时，孩子在与同伴们玩耍、游戏、交往中，能尝试到合作、友谊的乐趣，又能培养其社会交往能力。

疏导孩子的虚荣心理。孩子在生活中许多任性的事情都是虚荣心在作怪，在与小朋友们攀比中经常对父母提出一些过分的、不合理的要求，达不到目的时虚荣心受损，就容易乱发脾气。家长既要指出生活上不讲俭朴、随意浪费、乱赶时髦、相互攀比是一种错误，又要以身作则，以求实的精神和作风给孩子做榜样。

疏导逆反心理。儿童因为受逆反心理作用，容易产生对立情绪，走向极端，故意和父母唱对台戏。其实逆反心理形成的一个重要原因也是孩子的自尊心的成人感增强，希望自己的独立意向得到尊重。家长应当教育孩子待人处世应持实事求是的态度，启发孩子学会心理“移位”，设想自己处于别人的位置上考虑问题的心理，设身处地为别人着想，从而疏导逆反心理。

帮助孩子克服猜疑的心理

有家长反映自己的女儿性格较孤僻，心眼小，总觉得周围的人都与她过不去，特别是班上的同学，她看谁都不顺眼。看到同学们聚在一起谈笑，她就猜大家是不是在议论她；课间有同学无意之中轻轻碰了她一下，她就与对方发生争吵，说对方是故意冲着她来，要欺负她。如果老师在处理这些事情时稍指出她的不对之处，她就认为老师在偏袒对方。她认为自己是很不幸的人，世上没有人喜欢她。

这是比较典型的心理障碍——猜疑。猜疑主要表现为：遇事敏感，即较严重的神经过敏，从而引起痛苦的感受和意志的消沉，甚至还会导致少言寡语，孤独郁闷，常往坏处想，自己常唉声叹气。具有这种心理问题的孩子，会对世界上的各种事物，只要有不完美的地方，哪怕只有百分之一的可能，他们都会当成百分之百的可能去怀疑、担心、害怕。

对于此类问题的孩子，家长要从以下几个方面来帮助其克服。

引导他正确认识自我。用全面、发展的眼光分析、认识自己、他人及环境，不必用放大镜去审视自己的缺点和不足，要用宽厚的态度去对待他人。人无完人，每个人都有这样或那样的缺点与不足，每个人都在不断地克服缺点的过程中成长。家长要多与孩子接触、交流，如谈心、讨论，甚至可以随时随地地和他们聊天儿，以沟通情感，及时观察孩子的内心活动，有针对性地进行开导和纠正。

教育孩子用客观的态度审时度势。善于打消由先入为主的假定所引起的心理定式，头脑冷静、客观、公正地分析事物和他人，防止消极的自我暗示。让孩子进行换位思考，以体验他人的心理感受，避免走极端，总认为别人针对自己。

坚持正面引导。引导孩子向英雄人物学习，鼓励他多读优秀的文学作品，多看有益于身心健康的影视剧，丰富他的精神生活，开阔他的心理视野。此外，家长应在学习、生活、思想等方面多给予关怀、支持、帮助和开导，特别是对待他们应热情、诚恳，多加鼓励。实践证明，一些在别人身上似乎不值得表扬的事对孩子却给予表扬，都可能产生较大的激励力量，使他很快从这种性格的阴影中摆脱出来。对这类孩子来说，这些表扬和鼓励足以表明家长对他的重视和关心，这对纠正他的心理问题有极重要的作用。

注意调查后再下结论。俗语说“耳听为虚，眼见为实”，教育孩子在有了猜疑之后，先本着实事求是的原则进行调查，了解别人的真实态度，而不能听到风就是雨。常提醒孩子注意调查和分析，是帮助他们掌握控制自己心理的一种训练方法。

注重社交训练。为孩子创造愉快的人际心理环境，尽量多安排他参加集体活动，并及时进行交往技术训练，例如与被疑者的交流等。

创设和谐的家庭环境。在家里也要认真地审视自己给孩子创设的生活环境，并主动协调好和谐的家庭人际关系，使孩子在家庭生活中有较充足的安全感，能与家人相互沟通、交流情感，使其既能接受他人，也能为他人所理解。

孩子的性格孤僻怎样纠正

莹莹不合群，从不与同伴一起玩，上课时从不敢举手发言，老师提问时，她嗫嗫嚅嚅，同伴在一起开心地玩时，她总缩在旁边不出声，郁郁寡欢……

性格孤僻的孩子大多具有以上表现特征，为使孩子成为未来社会需要和能接受挑战的新一代，可采取以下方法帮助孩子纠正孤僻的性格。

为孩子创设一个良好的家庭氛围。家长要和睦相处、互敬互爱，使孩子生活在温馨、和谐的家庭环境中，更好地感受家庭的温暖，让他们的身心得到健康发展。父母要积极改善与孩子的关系，不要用伤害的语言或消极语言批评孩子。多给孩子一些温暖，关注孩子的生活、学习和健康，每天抽时间与孩子游戏、散步、交谈，使孩子感到自己在父母心中的地位和分量，心中得到爱的满足，能建立安全感。

扩大孩子的生活空间。当前，由于家居条件、家庭结构等原因，家长常常把孩子关在家里，久而久之，孩子就会变得孤僻。家长应让孩子从自家的小圈子走出来，让孩子多与邻居的孩子一起玩耍、游戏、生活。家长还可以利用节假日、业余时间带孩子到游乐园、动物园、公园等场所游玩，或带孩子去串门、走亲戚，减少孩子对不同人、不同情境的陌生感，增强孩子的交往需要与兴趣，使孩子形成活泼、开朗大方的性格。

增强体质。孩子的性格孤僻与体质弱有密切联系。孩子的体质弱，就会缺乏活动的耐性和持久性。这样就容易被同伴奚落和蔑视，处于这种状态的孩子会采取回避社会、回避人际交往的方法，用孤僻来保护自己。所以，家长应多带领孩子投身到大自然中去，去攀登、游泳、锻炼等。一来可以培养孩子具有勇敢、乐观的精神和持久性，二来可以增强孩子的体质，使孩子能够参加各种集体活动、同伴间的游戏、体育活动等。

给孩子树立良好榜样。俗话说“近朱者赤，近墨者黑”。家长的自我封闭，无良好的人际关系，会对孩子产生潜移默化的

作用，孩子会因此而产生孤独感，也容易形成孤僻的性格。因此，作为孩子的第一任启蒙教师，家长应以身作则，在言行、人际交往等各方面都应给孩子树立一个良好的榜样，孩子耳濡目染，就会在不知不觉中塑造一个良好的性格。

注意评价和态度。家长经常随意批评、否定孩子，甚至指责训斥孩子，孩子就会逐渐丧失自尊心和自信心，会感到自己很笨和行为不好，这种自我体验几经反复固定下来，就会使孩子形成自卑孤僻的性格，总认为自己什么都不会、都不行，谁都不如，从而一个人缩在一旁不敢出声，心情压抑。家长不妨采用一些肯定的评价，如“虽然你没有成功，但我仍要表扬你，因为你已经努力了。”“你一直在努力，再加把劲，一定能做得更好！”家长时刻注意自己的态度，多肯定和鼓励孩子，如爱抚、点头、微笑、夸奖等，都会收到意想不到的效果，使孩子自信、开朗起来。

发挥同伴的作用。帮助孩子选定一个活泼、开朗、有一定的领导力的好朋友，让孩子在自己好朋友的影响下，积极地改变其性格特点。

建立良好的伙伴关系。孩子孤僻、不合群，有时是由于不能听取他人的意见，缺少合作意识造成的。因此，要帮助孩子改变以自我为中心的心态，学会听取小朋友的意见，并能分清是非。如家长可经常询问孩子是否玩得开心，了解他们游戏的情况，肯定孩子的正确做法，提出孩子的不当行为，如果小伙伴做错了什么，要学会谅解等等。

孩子做事偏激怎么办

“我孩子与人争论问题时，从不相让，有时明知错了，口里还硬说绝对没错。平时看问题也很绝对，一好百好，一坏百差，以偏概全。脑筋从不转弯，真不知怎样帮他矫正过来。”

矫正孩子的偏激缺陷，可从以下几方面入手：

丰富知识经验。孩子由于生活经验少，知识面窄，看问题就容易“只见树木不见森林”。可帮助孩子拓宽兴趣范围，多方面接触生活，积累丰富的知识经验，掌握基本的生活知识和思维方法。

培养辩证思维能力。通过讲故事、做游戏，或者讨论、商量等方式，向孩子灌输正确思维的意识，知道对事物要全面、客观、灵活地看待和分析，并学会从不同的角度去观察。平时还可要求孩子勤于思考，经常想一想自己提出的观点是否符合实际，逐渐学会“三思而后行”。

加强意志力的锻炼。如提出要求，使孩子明确各种行为的主要目标，严格规范自己的行为，“当行则行，当止则止”，提高自我控制能力；从小事做起，从今天做起，逐步磨炼意志；坚持参加体育锻炼。在严寒酷暑中经受磨炼，培养勇敢、顽强、坚韧、果断等良好的意志品质，有效地增强自控能力。

教给孩子控制方法。

1. 理智。教孩子平时要以理办事，以理服人，以便能头脑冷静，自觉地克服偏激情绪。

2. 让人。青少年都很好强，有些孩子得理不让人，无理也要辩三分。教育孩子与人争论时，做到理智、心平、气和地讲话，不逞强。

3. 技巧。教孩子学会掌握一些控制情绪的技巧、方法。

教孩子克服胆怯

“我女儿贝贝，今年 8 岁，很聪明，就是胆小、内向。在人多的环境中，别的孩子敢说敢笑敢唱敢跳，而她总是躲在后面，推都推不出去，我心里非常着急，该怎么办呢?”

胆小退缩的孩子，大多数有以上的特征。他们的气质类型属于典型的抑郁质，特点是胆小、多愁善感、比较孤僻、心很细。如果我们正确地对待他们的气质类型，了解这类气质的积极方面与消极方面，注意改造孩子自身气质的消极方面，孩子的个性就会更完美。

那么，如何培养孩子良好的个性呢?

给予孩子更多的关心体贴。内向胆小的孩子对别人对他的态度特别敏感，他们在外不能充分表现自己，较少获得关注和满足，在家里就更需要父母的关心和爱护。

重视孩子的情绪反应。内向的孩子多自卑，面对机会容易退缩，这样容易导致一个消极的循环，最终导致

自信心的丧失。这会使孩子更胆小、退缩，心中充满了压抑感和自卑感。这时，家长应注意在平时仔细观察他的情绪变化，多交谈与沟通，鼓励孩子大胆说出自己心里的想法，并循循善诱，帮助孩子摆脱自卑，建立自信，使孩子能够以豁达的态度接受生活中的成功与喜悦。

让孩子做力所能及的事。大人的过分呵护、什么都替孩子办、对孩子百依百顺使孩子过惯了舒适、平静、安稳的生活，对大人产生了依赖感。一旦离开父母，他便无所适从，遇事就怕。要培养孩子独立、勇敢的性格，家长必须放手让孩子做力所能及的事，增强生活自理能力。如自己睡觉、夜间独立上厕所、自己到商店买东西等。

不在众人面前揭孩子的短。怯弱的孩子相对来说比较内向，感情较脆弱，父母要特别注意保护孩子的自尊心。如果在众人面前揭孩子的短处，会损伤孩子的尊严，让他觉得无地自容，脸上无光而羞于见人。也是在无形中不良刺激强化了孩子的弱点。即使对孩子进行批评，也应在肯定孩子成绩的前提下，用希望和建议的口吻指出孩子的不足。

多给孩子创造表现的机会。孩子胆小，锻炼的机会必然少一些，而能力的发展是需要锻炼的。在家里，最初，父母可以鼓励孩子表现自己，比如表演唱歌、跳舞、背诗，说说学校里发生的趣事等等。然后逐步扩大范围，给他们同样的表现机会，这样逐渐锻炼，就会有效果的。

帮助孩子掌握一技之长，使孩子有可能成功地表现自己，增强自信心。因为胆小内向的孩子的生活空间相对较小，这使他们的精力相对集中，观察事物仔细认真，做事情相对有耐心，喜欢做一些深入思考，而且往往感情细腻。家长可以充分利用孩子气质中这一积极的方面，帮助且鼓励他根据自己的喜好学习一技之长，例如书法、下棋、演奏等等。一有机会，让他们在众人面前展现自己的特长，达到锻炼胆量的目的。

教给孩子处理意外问题的方法。教给孩子处理意外问题的方法，让孩子在遇到意外情况时，不因束手无措而怯弱。如在商场或公园中走失了，怎么办？平时记住自家的地址、电话，也可以找一位值得信赖的人（如警察、工作人员）请求帮助。如果自己在家中受了伤，则用洁净布块绑伤口止血，然后打电话设法告诉父母或邻居。平时，让孩子掌握一些应付意外情况的方法，可以以防万一，又能锻炼胆量。

以尊重孩子的个性为前提。每一种个性都有它的优点与不足，父母可以诱导孩子，但一定是以尊重孩子的个性为前提。任何的埋怨、强行扭转都有可能适得其反，使孩子无所适从，甚至会更自卑，完全失去自信，这无疑等于把孩子推进了一个深渊。

怎样培养孩子的竞争意识

当今世界，全球经济一体化，社会变革速度加剧，人们愈来愈认识到培养儿童和青少年的竞争意识和竞争能力的重要性。让孩子学会竞争、培养孩子的竞争意识和竞争能力成为当前家庭教育的重要内容。

儿童竞争意识的培养，必须通过正面的教育来实现，在日常生活和学习中坚持训练，逐步养成良好的习惯，形成较好的竞争能力。

培养和发展孩子的个性。心理学研究表明，个性与竞争能力是紧密联系在一起的。发展孩子的个性，应从其本身的需要、兴趣出发，让孩子不但有广阔的知识背景，更有几种特殊的才能和本领，具有较完善的人格。能自理、自主、自律、自信的孩子，其竞争意识和竞争能力往往强于他人。个性突出的孩子，其自身往往蕴含着无穷的竞争力量。

鼓励孩子勇于创新。没有创新就不可能进步，没有进步则失去了竞争取胜的基础。家长在教育孩子时，要善于激发孩子的求知欲望和求知兴趣，鼓励孩子多参与动脑、动手、动眼、动口，使其善于发现问题，提出问题，并尝试用自己的思路去解决问题，不要用传统的现成答案和传统的教育模式来限制孩子，束缚孩子思维的手脚。当孩子表现出其“新思想”“新发明”时，家长应及时给予肯定和表扬，并鼓励孩子坚持探索。

转变观念，鼓励竞争。过去我们常以“听话”“乖”来作为评价好孩子的标准，其实，这样的孩子对问题缺乏个性见解，对压力无力抗争。从孩子未来生存发展来看，应从小培养孩子具有独立自主意识、坚强的意志、敢想、敢说、敢干，勇于创新的精神以及勇于迎接挑战、挫折与艰辛，鼓励孩子勇敢地走出教室，走出家庭和社区，融入社会，体验生活，体验竞争。

鼓励孩子相信自己。鼓励孩子用自己的眼睛看世界，会用自己的语言表达内心的感受，能用自己的价值观判断是非，从而决定自己“怎样生活、怎样学习、怎样做人”，自己给自己一个正确的定位，相信自己有力量和能力去实现所追求的正确目标。相信自我本身就是一种“自我竞争意识”、一种能力，连自己都不敢相信的孩子，从根本上就失去了和别人竞争的能力，他必然不会朝气蓬勃、乐观向上，甚至干任何事情都唯唯诺诺，体验不到一种“把握感和成功感”。

形成正确的竞争观。培养孩子的竞争意识应从小开始，从小事做起，在培养孩子竞争意识的过程中，也要让孩子明白：竞争不应该是狭隘的、自私的，竞争者应具有广阔的胸怀，能正确看待超越和反超越；竞争不应是阴险和狡诈，更不能暗中算计人，应是齐头并进，以实力取胜；竞争不排除协作，没有良好的协作精神和集体观念，单枪匹马的“强者”是孤独的，也是不会成功的。告诉孩子，只有协作，事业才能成功。

让自卑的孩子自信起来

小明很少主动参加集体活动，在众人面前从不高声说话，平时沉默不语，永远只扮演着“观众”的角色。他总觉得自己处处低人一等，无所作为，做任何事总悲观失望。

小明属于典型的自卑型孩子，他的自我保护意识很强，但自信心很低。要改变这种情况，只有重新树立孩子的自信心。那么，究竟如何让孩子重拾自信呢？

消除孩子的恐惧心理。自卑的孩子往往朋友很少，并不是他不想交朋友，相反，他的内心通常是最渴望友情的。只是自卑的心理使他不敢与别人建立友谊，害怕别人会关注自己的缺点。因此，要鼓励孩子主动去接触别人，与他们交朋友。同时要疏通他的思想，让他学会容纳他人，能大胆地接受更多人的友情。这样，孩子有了更多的交往机会，其语言交际与行为都会在交往中潜移默化地得到发展，他的恐惧心理也会逐渐消失。

善于发现孩子的闪光点，激励孩子树立自信。最胆小怯懦的孩子，偶尔也会有大胆的举动，也会做得很好，也许在常人看来这微不足道，但做父母的必须努力捕捉这些稍纵即逝的闪光点，给予孩子必要的乃至夸张的表扬和鼓励。同时，不要对孩子有过高的期望值，要发展地看待孩子，肯定孩子的点滴进步，以此来改变他的一些不良行为习惯。

注意保护孩子认定的长处。每个孩子都会有被别人评价较高的方面，他自己也往往将之视作比别人好的地方。孩子的自信心在很大程度上就是建立在自己的“长处”的基础上。如果家长不注意保护孩子自己认定的这些长处，甚至轻易地加以否定，那么就有可能从根本上动摇孩子的自信心。因此，家长要注意保护孩子自己认定的长处，保护他们的自信心。

让孩子做力所能及的事情，增强孩子的自信心。那种事事依赖、处处被顾惜的孩子总是期待照顾，怀疑自己的能力，缺乏自信。反之，将孩子毫无准备地置于新情境之中，把孩子突然推向自立，也会使孩子受到挫折，并因此丧失信心。因此，父母可以创设宽松的心理环境，允许孩子尝试错误，放手让孩子去想、去做。家长必须懂得，儿童自己能做什么，不仅取决于他们的成熟程度，而且也取决于生活中的各种事物对他们的适宜程度。因此，父母从日常生活入手，适时、适宜地提出他们力所能及或稍克服困难就能获得成功的要求，给予孩子独立锻炼的机会，才能让孩子体验成功的快乐，建立真正的自信心。

培养孩子的耐挫精神和教给补偿办法。在生活中，任何人都不可能十全十美、一帆风顺。怎样评价自己，怎样对待失败，不同的态度会导致不同的结果。因此，在教育过程中要正确分析孩子的情况，帮助孩子正确对待不足和失败，培养孩子具有大胆、勇敢、坚毅的意志品质。如有的孩子遇到失败只会伤心难过，这时家长就要主动接近他，帮助他分析失败的原因，鼓励他通过其他方式补偿来弥补弱点以获得自信。有的孩子智力发展一般，但社会性发展较好，能关心集体、热爱劳动，家长要帮助他发扬长处借以获得自信。家长还要教育孩子看到自己和别人都各有长处，当自己获得成功时要关心帮助弱者，当自己失败时也不要自卑。总之，家长要经常展示孩子的强项，使孩子获得自信。

和孩子谈理想。家长要经常和孩子谈心，更可以多谈谈理想，展示几种长大后可能干什么的美好愿望，让孩子脱离老被别人说闲话的阴影。

教育孩子正确看待缺点。让孩子懂得每个人都有缺点，但并不代表有缺点的人就不如别人。

鼓励孩子多交朋友，向别人展示自己的特长。鼓励孩子大胆和其他同学交朋友，正确对待自己的不足，并承认不足，使同学感到自己是真诚的。在集体活动中，鼓励孩子发挥自己的特长，如唱歌、跳舞等，使孩子感到自己有能力、有作为。

让孩子接触大自然。经常带孩子去郊游，让孩子感到生活的美好。同时经常带孩子到敬老院或儿童福利院，让孩子接触更多需要帮助的人，并让孩子亲自为他们做实事，从而使孩子感到自己对社会很有用。

第四章　父母与偶像，谁的拉力更大

——“叛逆”来源于成长

“叛逆”并不是青春期的代名词，事实上在孩子小学阶段，也有一个讨人嫌的叛逆时期。这一时期的小小人儿，不再对爸爸妈妈言听计从，开始有了顶撞和冲突，不再相信爸爸妈妈的人生哲理，开始了自己的反思和追问，也开始有了自己崇拜的偶像，开始有自己的坚持和固执。

其实，“叛逆”来源于成长。这一时期的叛逆来自于孩子自我意识逐渐发展，恰恰是孩子慢慢长大的标志，这是所有孩子都必经的阶段。家长除了挠头，更应当为此感到欣喜。世上没有天生的好妈妈、好爸爸。做个称职的家长也是需要学习的，做优秀的家长的能力也是需要培养的。这一章，让我们来告诉你如何把握和孩子沟通说理的艺术，如何处理好隔代教育上的冲突，如何应对孩子的顶撞和无理取闹，如何运用好榜样的力量……

让我们和孩子一起长大！

孩子越来越不听话为哪般

有些家长抱怨说，自己的小孩儿越大越难管，越大越不听话，实在让家长很头疼。孩子的“叛逆”，来自于孩子的成长，“叛逆”甚至可以说是孩子天生的秉性。家长大可不必为此惊慌失措，接受它，并理智地面对它，才是明智的选择。搞清楚孩子变得叛逆的原因，是对症下药解决问题的前提条件。

首先叛逆来自于孩子自我意识的逐渐发展。叛逆是孩子成长的必然结果。随着孩子自我意识的发展，他们渴望脱离父母的庇护，他们也更明白自己的需要。他们的知识面也在不断拓宽，聪明的他们常常会发现父母也有说错话、做错事的时候。原来在他们心目中父母天神般的形象也逐渐在倾塌。他们再也不是几句话就能哄乖的孩子了，至少他们自己是这样认为的。所以在父母眼里，孩子越来越难管了，越来越不听话了。对于孩子的这种变化，其实父母不必惊慌，你应该欣喜地看到孩子长大了，当然也意味着教育孩子的挑战更大了。

有的家长可能会问，大家的孩子都在长大，为什么我的孩子特别不听话呢？这就要具体问题具体分析了，这与遗传因素、家庭的环境、教养方式有很大的关系。孩子叛逆行为的形成，非一朝一夕。其形成的可能原因包括：

家长与孩子相处的相互作用。人与人之间的相处，是相互作用的，好比你尊重我，我也尊重你，你对我好，我也对你好。家长与孩子的相处也是如此。身为家长的你，必须注意自己与孩子的沟通方式。很多时候，孩子不一定是叛逆的，可能他说了一句话，母亲觉得不满意，就大声骂他，孩子受到刺激，也变得大声对抗，或以沉默抗议，或以反叛行为抗议。久而久之，孩子便会产生一种习惯，这是日渐形成与父母之间一种相处的相互作用。

父母的管教方法专制。父母以专制的方法管教孩子，常以命令的语气对孩子说话，要孩子顺从一切，这种做法并不是在每个孩子身上都行得通的。个性较温和的小孩儿，会服从父母的权威；个性较刚硬的孩子，则会反感。反感的结果，便会形成所谓的叛逆行为了。

亲子关系界限模糊。有些父母一味地顺从孩子的要求，生活中没有必要的家规约束孩子，也没有作为父母应有的威信在孩子面前展现。结果使得孩子做事得寸进尺，不断提出无理要求，终至超过界限。这时，做父母的要划分界限已经来不及了。

家庭关系不和睦。当家庭出现问题，父母感情不睦时常争执时，孩子心里讨厌父母的行为但又觉得无助时，便会以逃避或以叛逆的行为表现自己的不满。

受不良同伴群体的影响。成长中的孩子，特别在乎同伴群体的评价。这一年龄段的孩子缺乏足够的是非辨别能力，很容易受到怂恿，做一些不该做的事。例如孩子在学校和教师顶嘴，却被有的同学称赞；有的反抗父母定下的规矩，受到坏朋友的认可。如此一来，孩子便会产生错觉：如果我扮演这样的角色，便会被别人称赞。

孩子在成长时期，有时候在可接受范围内的叛逆行为是和年龄有关系的，是成长阶段的必经过程。孩子若有少许的叛逆行为，父母不必大惊小怪，认为他是变了，应该像从前一样关怀他、对待他。孩子的“叛逆”对做父母的提出了更高的要求。在接下来的章节中，我们将具体讲述如何在家庭教育中面对这一棘手的问题，以便更好地教育好孩子。

孩子不听话如何应对

有些孩子总是和家长、教师唱对台戏。家长说做作业不能听广播，他偏把收音机的音量开得大大的；老师说课间不要追逐打闹，他偏要在教室走廊里和同学玩捉迷藏……凡此种种，不一而足。这样的孩子总也不愿意顺从家长与教师，无法让家长省心。这些现象其根源在于孩子的逆反心理。

孩子的逆反一般带有强烈的情绪化色彩，他们缺乏理性的分析，往往把成年人正确的意见和有益的建议也一股脑儿地逆反掉了，这种盲目的逆反，对于孩子的健康成长显然是极为不利的。为此，家长不妨在以下几方面做些努力：

保持冷静。孩子叛逆，成人一定会不满，因此，会为自己的权力斗争，用声音来压倒他。急躁的父母，应该提醒自己，保持冷静，也等孩子冷静以后，再进行沟通。先保持冷静，好好想想应该怎么做，才能让孩子愿意遵照你的话去做。

了解孩子。家长眼见孩子的兴趣会影响功课时，通常会即刻禁止。其实，最好能试着了解情况。例如陪孩子去电子游戏中心，和孩子讨论他们的偶像，从旁提醒什么是应该学的，什么是不应该学的。家长能进入孩子的内心世界，才能和孩子相处得更融洽。和父母相处融洽，孩子当然就不需要叛逆了。

不做无谓批评和推测。如“你这样不努力，年底一定不及格；你的前途完蛋了”这样的批评，不但于事无补，反而会让孩子反感，甚至认为，你说我完蛋，我就完给你看。或者让孩子失去了信心，影响学习的情绪。如果家长以担心的语气表示自己对孩子的担忧，如我不认识你的朋友，因此很担心你是否受到不良的影响。孩子对这种来自父母的关心，就比较能心平气和地接受。很多时候，对孩子说话不应太直接或武断。例如，你批评他的朋友不好，他一定不承认，认为父母主观。父母用担心的语气，孩子才能感受到父母的出发点是出于关心自己。

不要专挑孩子的错误。如果孩子一直被指责这里做得不好、那里做错了，他怎么会有信心和情绪去接受下一个指示？与其责备他，不如这样说：“你这里干得不错，其他的地方照着这么做就行了。”

引导而非教导。家长可以用这样的问题问孩子：若你生气时，你会怎样应对？家长不是用说教，而是以问题的方式启发孩子思考。有时孩子会回答得很理想化，很冠冕堂皇，但实际上却做不到 。不过，家长千万不要因此低估孩子，认为他们不会思考或只是瞎想。

威严地提出要求。如“我对你的要求就是……”“我不允许你这样，原因是……”做父母的，终究还是得用些威严。在必要时应该执着地要求孩子做到某些事情，而不能一味迁就，眼看孩子一错再错。 但是，做出要求时，一定要注意语气，并说明理由。

调整期望值。为人父母者不妨降低对孩子期望的高度，给孩子设定一个他能够达到的目标，待他实现后，再提出一个高一个层次的目标。如此循环往复，既可避免孩子产生逆反心理，又可促使他不断进步，并逐渐接近家长的期望。

尊重孩子。孩子偏不听话怎么办？打！其实，“打”并不是灵丹妙药，“打”的结果通常有两种：一种是家长打得越凶，孩子的逆反情绪越强，甚至对父母充满敌意；另一种是孩子表面顺从了家长，但内心并没有心悦诚服，这种情况如果长期发展下去，那就会使孩子滋生出两面派、虚伪的不良品性。要使孩子真正听话，消除逆反心理，“打”不是办法，“尊重”是最好的药方。尊重孩子一是要认真倾听孩子的意见，二是要给孩子充分发表意见的机会，三是给孩子一定的自主权，既有助于消除孩子的逆反心理，又有利于培养孩子的自立能力。

我到底应该听谁的

为了教育孩子闹矛盾的现象，在现今的家庭里相当普遍。据调查，大约有 70%的家庭存在各种各样的矛盾。这种矛盾，有时发生在孩子的父母之间，有时发生在孩子的祖父母或外祖父母之间，也有的发生在孩子的父母与祖辈之间。

教育孩子不一致的危害是什么？孩子在教育中成长，家长的合力教育能使孩子成长得更好。如果做长辈的你这样教育，我那样教育，爹说爹有理，娘说娘有理，甚至当着孩子的面大吵起来，那孩子该听谁的呢？这样的教育会使孩子茫然不知所措，长此下去，孩子或者是非模糊，或者我行我素。有的孩子还在家长之间“钻空子”，甚至产生两面行为。这样的教育不但“失效”，还造成了“负效应”。

那么，为什么出现矛盾？主要原因是长辈们对家庭教育规律和教育方法了解得太少，掌握得太少，而且往往又爱自以为是，很少自以为非，在家庭里都“横”得不得了，不产生矛盾才怪呢！

怎样做才能克服矛盾，形成家庭教育的合力呢？

家长要树立合力教育意识。教育孩子，力量只能合，决不能分。那么“合”在什么地方？应该“合”在正确的教育思想与教育方法上。这就要求家长认真地回顾一下自己的教育思想和教育行为有没有不妥之处，同时，也应认真回想其他长辈的教育行为有没有可取之处，谦虚的态度和必要的学习是不可少的。

明确父子、母子及祖孙的关系。各位家长要明确与孩子的关系，让孩子了解与各位家长的相处模式。父亲、母亲既要尊重祖父母与孩子的相处模式，又要协调好各自的关系，要有统一的教育方针。不让孩子有空子可钻，又可以让孩子在各种方式中获取对自己成长有益的东西。

了解科学的教育方法。父母要学一些儿童心理学方面的基本知识，了解科学的育儿方法。改变一些不合理的教育方式，为自己制订适合孩子成长的教育思路提供知识储备。

定下统一的家教思路。在树立合力教育意识前提下，经过认真思考，全家人开个统一家庭教育思想和方法的家庭会议，坐下来坦诚地交流彼此的想法，有不同意见可以争论，最后求同存异。在教育孩子时，按照已经统一的认识去做，看看效果如何。这样的家庭会议应该经常化。

征求孩子的意见。孩子是受教育的对象，对家长的教育行为有最直接的感受。孩子往往能很客观地评价爸爸、妈妈和其他长辈施行的教育行为的优点与不足，这对我们改进家庭教育是大有好处的。在学校里，这种方法叫作“评教评学”。

不要在孩子面前暴露矛盾。在教育孩子的过程中，不要当着孩子的面闹矛盾。大人们的这种莫衷一是，会降低长辈在孩子心目中的威信。在可能出现这种情况时，有一方应以冷静委婉的口吻劝说对方暂停教育，下面协商好之后再进行教育。

得到祖辈的理解。父母与孩子祖辈之间的教育矛盾，大多是由于隔辈人更疼孩子，甚至于更惯孩子引起的。父母应该在尊重、理解祖辈的前提下，做些分析，给祖辈找些家庭教育资料（书报、录音、录像等），请祖辈参加家庭会议。而且要调动孩子的积极性，教育孩子正确认识祖辈的疼爱，严格要求自己，让祖辈放心、满意。

亲子沟通中常见的问题（一）

孩子叛逆在很大程度上是父母与孩子没有沟通好。从某种意义上讲，沟通失败，家庭教育也就失败了。如果父母完全不能理解孩子，他们自己的观点和做法也就不能被孩子理解和接受。这样，无论父母出于多么良好的动机，树立了多么远大的目标，最后都是无法达成愿望的。家长也知道和孩子沟通有问题，就是不知道问题出在什么地方。到底是什么使父母与孩子之间的沟通不畅呢？

以自我为中心，使管道通路堵塞。许多家长责备孩子以自我为中心，不体谅父母，其实家长也常常有以我为中心的倾向，只是自己没感觉到而已。总是听到家长抱怨孩子不听话，透过现象看本质，这都是孩子的问题吗？孩子该不该有自己的主见？我们该不该听孩子怎么说？该不该给孩子一些思考和实践的机会？家长往往从自我出发来解释一切，在他们维护自己的权威同时，也强化了孩子的依赖性和无助感。

他们的做法不是促进孩子的健康发展，而是不自觉地破坏了它，但他们却认为自己这样做完全是为了孩子好。他们不体谅孩子，反过来却说孩子不明事理。

当家长指责孩子能力差、不懂事的时候，他们却没有意识到，孩子之所以这个样子，正是因为父母不给他锻炼的机会。不难设想，孩子从小就生长在一个万事均被父母安排好的环境中，还有什么“能力”可言呢？“现在的孩子真难管，父母的话不爱听，自己总有个小主意。”经常能听到家长们发出类似这样的抱怨。其实，家长更需要改变观念，要看到孩子自己拿主意的好处：孩子可以学会独立生活，可以提高自己管理自己的能力，可以学会思考，学会选择，将来遇到问题的时候才不会慌乱，才能够得心应手。

先入为主，缺少尊重和理解。许多与孩子沟通不成功的家长，往往是过分重视孩子的缺点和错误，容易先入为主，总是从负面看待评价孩子，对孩子缺乏应有的尊重和理解。

我们常常听到这样的话语：“什么？你说头晕？算了吧，你不用说了，我早知道你那点儿小心眼！你不就是想出去玩吗？不就是不爱学习吗？不行！今天你就得乖乖地给我待在家里！不把我给你留的那20道题做完，别想走出这个大门！”家长这样对待孩子，显然不对。正因为父母是孩子最亲近的人，就更有可能是给孩子带来最大伤害的人。在生活中，我们都有这样的经验，当我们遭受他人的误解和诽谤时，可以置之不理，但是我们的亲人都不理解我们，甚至给我们同样的打击，我们会痛彻心扉。这也正是孩子们的感受！

父母应切记放弃先入为主的做法，不要给孩子建立“错误档案”。他们只是成长中的孩子，需要我们的爱和理解；他们也是具有独立人格的人，应得到我们的信任和尊重。

情绪化处理，问题没有真正解决。很多家长在教育子女的过程中，经常带着情绪处理问题。这样做，非但不能真正解决问题，也为今后的亲子沟通制造了很大的障碍。情绪化的父母还可能造成孩子更加情绪化，使沟通更加困难。那些快乐孩子的父母，他们非常懂得怎样控制自己的情绪，怎样疏导孩子的情绪。人与人之间常常因为一些彼此无法释怀的坚持，而造成永远的伤害。我们不能容忍孩子的过错，对孩子大发脾气，给他们造成的伤害与篱笆上的洞有什么区别？如果父母能从自己做起，开始宽容地看待孩子，相信一定有许多意想不到的收获。

亲子沟通中常见的问题（二）

没有诚意，敷衍了事。有些家长在教育子女的过程中，对孩子没有诚意，有时甚至敷衍了事。孩子放学回来，对爸妈说：“学校让我们了解父母小时候的事情，写一篇作文。你和我说说你小时候的事情好吗？”爸爸一边看报纸一边漫不经心地说：“问你妈去，没看我忙着吗？”孩子满肚子委屈找妈妈去了。妈妈说：“找你爸去，没看见我正在做饭吗？”

还有的父母随口就可以承诺孩子一些事情，然后就忘到九霄云外了。比如一些年轻的父母经常用“给你买糖吃”

“给你买小汽车”“带你去动物园”之类的话哄孩子，事后往往不能兑现。孩子经常“受骗”后，便形成这样的心态——对别人充满戒备，骗别人心安理得。这样，孩子诚实的品德就很难培养起来。然而，另一方面，家长却不能够容忍孩子说话不算数，他们完全没意识到自己在这件事上的责任。

口气强硬，家长作风。一旦我们当上了家长，就忘记了如果我们不谨慎从事，有可能变成一个负面角色。由于“望子成龙”心切，许多父母一方面对孩子充满了爱，另一方面又用家长作风伤害孩子，自己却浑然不知。美国著名心理学家基若特将这些伤害分成十个方面：

恶言——傻瓜、说谎、无用东西。

侮辱——你简直是个废物。

责备——你又做了错事，真是坏透了！

压抑——住嘴！你怎么就不听呢？

强迫——我说不行就不行！

威胁——我再也不管你了，随你的便好了。

哀求——求求你别这样做好吗？

抱怨——你这种事，真让我伤透心了！

贿赂——你若能考一百分，我就给你买脚踏车。

讽刺——你真行，竟能做出这种事。

父母的权威并不是靠威吓和强制的力量形成的，威吓和强制的结果只能够让孩子在表面上服从你，而在内心深处是不服气的，甚至于产生严重的逆反心理。孩子顶嘴时，我们可以说：“你的意见和我们做父母的不一样，我们可以再讨论。”而不是：“你的翅膀硬了，居然和父母顶嘴了，目无尊长，到底谁是老子？”孩子不愿意做家务时父母一着急就脱口而出：“你怎么这么懒，专要人侍候，太不像话了！”换个说法：“我最近工作很忙，身体有些吃不消。我知道你很心疼我，我想你愿意帮妈妈做些事情，对吗？”孩子不想做功课时说：“你不想做功课？为什么？发生了什么事情？是不是不会做？要不要我帮助你？”不应说：“整天想着玩，将来能有什么出息！”

“三句好话心头暖，三句恶语透心寒”。同是一件事，父母的言语不同，效果就大不一样。语言交流是人与人之间最普通也最有影响力的沟通手段，父母的习惯用语、语气和态度，均能影响到与孩子的沟通。所以，父母切忌用命令、讽刺、挖苦之类的语言去损害孩子的自尊心。父母的权威不是什么人赋予的，它是父母在履行自己的义务和职责的过程中，在孩子的内心世界中逐步建立起来的。如果作为一家之长的父母不能或者不愿意履行对家庭应尽的义务和责任，孩子就不会把父母当作家长看待，无论自己的父母说什么，他都不会听从。如果父母的权威因为诸如此类的不负责任而丧失的话，当孩子长到十几岁的时候，就会发生很多问题。

以上就是亲子沟通中父母常犯的错误，可能每个父母或多或少都有这样的毛病。父母可以对号入座，了解自己的问题出在哪里，在以后与孩子沟通时注意避免这些毛病，那你的亲子沟通一定会变得更加顺畅。

如何填补你和孩子间的“代沟”

不少父母常常为教育子女感到头痛，觉得他们与自己的思想观念距离太大，对长辈不孝顺，无理想；而做子女的，却抱怨父母顽固守旧，过分干涉晚辈的社会交往、前途，以及生活方式、消费观念等。相互之间缺乏理解，互不相让。回避不是解决问题的办法，因为“代沟”是客观存在的。

那么，作为家长怎样才能消除这种“代沟”现象呢？

做孩子的听众，倾听孩子的心声。要全身心地投入，在谈话的过程中，保持视线的密切接触。不要经常地用提问和评论打断谈话。同时要认可孩子的感情。我们知道孩子会经常抱怨不愉快的事情。对孩子的不良情绪，我们要认可它，但不要急着去扭转孩子的不愉快的情绪。否则会事与愿违，令孩子更沮丧。

与孩子分享你的生活。父母也不妨适当地向子女敞开心怀，谈谈自己的心里话，分享你的工作和生活。让孩子理解你的心情，也请他帮助父母想想办法，出出主意，共同商量解决的办法。这样，子女才会逐渐懂得家长们原来也有这么多难念的经，才会感受到子女应该关心体贴长辈。

与孩子合作。与孩子一起合作完成一件事，会让孩子觉得你和他很“合拍”，很有默契，从而奠定良好的亲子关系。比如，和孩子一起玩一些线上游戏。既可以了解孩子喜欢些什么，还可以在不声不响中对他打游戏的时间进行监督。

教育态度要温和。孩子的自尊心很强，他们希望得到他人的尊重。温和的态度、谆谆教导的方式，可以增加他们的信任感，他们也就容易接受善意的劝导。不能用粗暴的训斥、轻蔑的态度、讽刺的语言、过多的禁止与批评等，这都会伤害孩子的自尊心，使他们产生不信任、不合作的逆反心理，导致教育效果更差。

为孩子制订相对稳定的家规。对孩子的教育要从小开始，坚持一贯，严格要求。要有相对稳定的一些“家规”“家法”，从小注意对孩子加强训练和培养。比如，晚上无故不在外逗留；不背着家长向别人借钱；不占小便宜；不撒谎；不准偷看黄色录像、黄色小说等，家长对这些是不能放松和迁就的，必须让孩子从小树立是非观念，爱憎分明，养成服从道理、讲究礼貌、遵纪守法的良好习惯。这样，子女才能理解家长的良苦用心，才能领悟自己在某些问题上还缺乏独立性、自觉性和正确的理解能力，仍需要长辈的帮助和指导，对父母的劝告和限制才容易接受。不然，假如父母从小溺爱孩子，让孩子习惯了不讲道理，以自我为中心，毫无约束，我行我素，那么，随着年龄的增长，父母对孩子将更无法管教。当然，只要孩子不是“大逆不道”，又不超过家庭经济能力，父母应当尽量满足孩子的要求，让孩子有自己相对自由的空间，尤其是在孩子的学习项目上，不要帮孩子做主。

当孩子顶撞你时

很多家长反映，孩子上小学三年级以后，不知为什么，

对父母说话的口气越来越大，有时还会很不耐烦地说他们“真笨”“讨厌”，而且还特别爱强辩顶嘴。学龄期的孩子喜欢尝试运用各种说话的方式和语气来表达自己，其中最让父母难堪、无法忍受的就是强辩和顶嘴。孩子为什么会对父母态度无礼，这应该怎么办呢？

管教态度要一致。如果你对孩子的管教态度前后一致，孩子自然了解你的原则，知道该如何自处，如何面对你的权威，不需要再花功夫探测你的底线在哪里、自己的下场会如何。

告诉孩子自己的感觉。你可以把孩子喊到你的面前，要求他望着你的眼睛，你可以平静而严肃地对他说：“你刚才这样说妈妈，妈妈很不高兴，这样说话不礼貌，以后不要这样对妈妈说话！”

尊重孩子。要想让孩子尊重自己，自己也要尊重孩子，教育孩子不能简单粗暴，即使批评孩子也应用平和文明的语言，重点要指出孩子到底错在哪儿，而不要出言粗鲁，笼统责骂。

让孩子表达意见。让孩子表达他们的意见和不同的想法。平时就要和孩子多聊天儿，或举行家庭会议，让大家自由交谈，而不怕批评或被否定。

订立家规。订立家规，树立家规的威严，让孩子有规则可以依循，以免直接对你进行挑战，同时也可以培养孩子的规则意识。可以订这样一条家规：“说话要有礼貌，彼此尊重，不能无故顶撞长辈。”用这条规则可以约束孩子的行为，当孩子顶撞你的时候，你可以提醒他这条家规的规定。

适当的惩罚。利用提高代价的方法，调整孩子好辩的个性。例如，建立一个规则，孩子每顶撞长辈一次，就要倒一个星期的垃圾。让孩子明白这种行为是不被允许的，如果他做了，就必须接受惩罚。

教导孩子“谈判”的办法。当您和孩子的意见不同时，要给孩子提供与您争辩、谈判的机会。家长还要教会孩子如何与人谈判以获得所想要的东西。如果孩子能够通过谈判满足自己的需要，他们就不会用顶撞这样极端又无用的方法了。

不要动不动就生气。孩子对你的一些做法有意见是一件很正常的事情，你不要动不动就生气，和孩子杠起来，甚至在盛怒之下，体罚孩子。这样只会使事情更糟糕，而且会令孩子“以暴制暴”，以后会更加顶撞你。

不要体罚孩子。孩子顶撞父母时，父母就用身体或语言上的暴力去压制他，只能让他害怕、失去自信或者以更大的怨气来对待父母，完全不可能使他心服口服，赢得他的尊重。

以身作则。父母平时要做到语言美，不用不文明的话开玩笑，也不在背后恶语伤人，以免孩子形成不好的说话习惯而不知这样会恶语伤人。

积极进取，自我提高。一个有知识、有能力并富有进取精神的家长，才能真正赢得孩子的尊重。

孩子爱无理取闹怎么办

“莉莉又在教室里大吵大闹了，还边哭边追着同学打！老师批评她，她也不听。莉莉是个聪明、漂亮的孩子，在班上学习成绩出众，兴趣广泛。就是有个毛病，爱发脾气，遇到一点儿不顺心的事，就大吵大闹，甚至砸东西。跟她说了多少道理，可是她总也改不了。真不知怎么办?”

父母不要溺爱孩子。父母切不可溺爱孩子，孩子有什么要求，父母就千方百计地满足。特别是抵不住孩子的“眼泪攻势”。孩子一哭闹，父母就乖乖投降了。孩子只要尝到了一次无理取闹的甜头以后，他就会变本加厉地故伎重施。

改变奖励的方法。父母不应该以满足各种物质上的需要作为孩子学习的刺激物。这样培养出来的孩子适应能力不强，耐挫折能力差。父母对孩子在物质上的补偿，还不如多与孩子进行情感交流，把物质奖励和精神奖励相结合。每当孩子取得好成绩时，父母可以与孩子一起外出游玩，到公园、郊外走走、看看，丰富孩子的生活，开阔孩子的眼界，陶冶孩子的情操。也可以带孩子走亲戚串好友，让孩子在与他人的接触中，在与小朋友的玩耍、交往中，尝试合作、友谊的快乐，培养其社会交往能力，学会怎样与人相处。

培养孩子的动手能力。鼓励孩子多做一些力所能及的事情，如扫地、盛饭、洗碗、择菜、倒垃圾、包饺子等。孩子没做好没关系，在父母的帮助下再来一次；孩子做好了，得到大家的表扬，会让孩子体会到成功的喜悦。

转移孩子的注意力。当孩子无理取闹时，父母千万不要一味顺从他。可以转变话题，改变气氛，使孩子感到被尊重、信任、关心，从而自觉克服这种不良行为。

冷处理法。当孩子无理取闹时，往往是为了引起父母的注意，满足自己的要求。这时，父母可以故意冷落他，使他感到采取这种无理取闹的行为是不会有任何结果的，就会很快克服这种不良的行为。

不要理会孩子的无理要求。对孩子的无理要求，无论孩子怎么哭闹，父母都不要答应。还要明确告诉他，这个要求爸爸妈妈是不会答应的，告诉他这个要求为什么不合理。让他了解，即使他再无理取闹，也没有用。

严格执行家规。“不依规矩无以成方圆”，对付孩子无理取闹的法宝就是制订恰当合适的家规，并坚定不移地去执行它。在家规里明确提出无理取闹是被禁止的，孩子不仅不能借此满足自己的需求，还会受到一定的惩罚，让孩子把家规作为自己行为的一个参照。

教育孩子不要过多计较别人的评论。你越计较，越害怕，别人就会越说越起劲，你就会越听越气愤，结果就会像火山爆发一样，弄得不可收拾。

跟孩子多讲讲道理。当孩子平静下来后，家长可先让孩子独自冷静地想想，再跟他讲讲道理，告诉他什么样的行为才是对的，并适当举例子。有时，家长还可以把孩子当作大人平等对待，和他进行讨论和沟通，使孩子明辨是非。

家庭教育和学校教育密切配合，协调一致。家长和教师都要有意识地训练孩子的心理承受能力，注意培养他的自我认识能力，教育孩子全面地认识自己，既要看到自身的长处，又要看到自身的不足，要勇敢地迎接不同的挑战。

树立信心，学会意志控制。教会孩子学会利用暗示的方法进行自我暗示，时刻提醒自己要镇静，不冲动，自觉控制自己的言行。

让家庭成为孩子成长的乐园

孩子的叛逆往往与家庭环境有很大关系。良好的家庭环境可以促进亲子沟通，增进父母与孩子的感情。可以说良好的家庭环境是对孩子教育成功的先决条件。为此，家长们应努力创设良好的家庭环境，促进孩子健康成长。

建立温馨、和谐、亲切的家庭气氛。一是搞好夫妻关系以及家庭成员之间的关系，二是要处理好父母与孩子的关系。父母要爱护子女，对孩子尊重信任，尽量不板面孔，不随意呵斥、打骂，以平等的、民主的、朋友式的态度与孩子相处，应少一些“家长专制”式的做法，建立起新型的民主的家庭关系。当然，强调家庭温馨、和睦，不等于对孩子不严格要求，子女应尊敬长辈，孝敬父母，共同增进父母与子女的互相了解和亲切感情。

形成健康、文明的家庭生活情趣。家长要有意识地在家庭中培养文明健康的生活情趣，如关心时事形势、热爱科学、爱好文艺、喜欢参加体育活动、注重文化修养、语言文明等，应在家庭中避免腐朽、庸俗的东西出现，更要防止违法乱纪行为的发生。对不文明的东西，家长要善于及时指出，提高孩子辨别是非的能力，增强免疫力。当然，在这方面家长应处处以身作则，做孩子的表率。

树立良好的家风。优良的家风，是良好家庭环境的重要组成部分，是无形的教育手段，对孩子有重要的影响作用。树立良好的家风，要求家庭成员有良好的伦理道德观念，要形成和睦互助、敬老爱幼、谦让有礼、积极上进、努力学习、诚实守信、热爱劳动、勤俭持家的好风尚。可结合当前全社会开展的树立社会文明新风、创建文明街道、文明家庭的活动，进一步促进和树立良好的家风，这样更有利于创造让孩子们健康成长的优良环境。

营造民主和睦的家庭氛围。一个完美的家庭，民主和睦的家庭氛围是孩子健康成长不可缺少的条件，父母应该多去建立这种气氛。例如：

父母之间，相互关心、尊重、体谅、爱护，共同关注孩子的成长；

父母与孩子之间，建立一种民主平等的关系。为了孩子健康成长，父母不应采取粗暴、专横的态度，也不要采取溺爱、放任的态度。要尊重、信任孩子，与孩子交流思想，对孩子的要求要以合理为原则；

父母要尽量给孩子提供所需的物质条件，创造安静的学习环境，提供丰富的“精神养料”；

建立合理的生活制度。如按时起床、睡眠，科学地分配一天的作息时间，完成各自分担的家务。

搞好家庭环境的布置与陈设。家庭是孩子学习和生活的场所，家庭环境的布置和陈设搞得好，对孩子的品格和学习就会提供有利条件，取得好的效果。房间陈设协调、环境整洁、用品整齐，会使孩子生活得舒适愉快，养成学习专心、爱整洁、做事有条理的好习惯。家长要尽量给孩子创设一个学习的小天地，可以根据居住条件和可能，因地制宜。居住条件好的，让孩子独用一个房间，有适合孩子学习用的书桌，房间力求布置得合理、整洁；居住条件不算好的，不可能为孩子安排一个独用房间，可以在室内选择一个光线好、通风的位置，放上孩子学习用的书桌，让孩子在学习时不会受到其他人的活动干扰，以免分散注意力。孩子的自我控制能力较差，容易为外界事物所吸引，在孩子做功课时，如果开着电视机、音响，甚至打麻将等，噪声很大，必然对孩子造成干扰，孩子也难以专心致志地学习。这是值得家长注意的。

父母跟孩子说理的技巧

循循善诱、充分的说理，是家长教育孩子的重要手段，跟孩子说理不仅需要有耐心，还应结合少年儿童的心理特征，选择恰当的方法和技巧。

要充分肯定孩子的长处。古语云：“数子十过，不如奖子一长。”跟孩子讲道理，应充分肯定孩子的长处，对孩子的进步给予及时的表扬和鼓励，在此基础上再对孩子的过错予以纠正，这样孩子就容易接受大人的意见。如果父母一味地数落孩子，责怪孩子这也不是那也不对，只会让孩子产生自卑心理和逆反心理。

所讲的道理要“合理”。跟孩子讲的道理应合情合理，不能信口胡说，也不能苛求孩子，因为大人信口胡说，孩子是不会服气的，大人的要求过分苛刻，孩子也是办不到的。比如生活中有的父母自己就喜欢吃零食，却对孩子大讲吃零食的坏处，如此，孩子是不会听从的。

说理语言尽量简明清晰。向孩子说理，一定要考虑孩子的语言特点和接受能力。一般来说，向孩子说理的语言应尽量简单明了，最好让孩子一听就明白，一定不要用艰难晦涩的语言。也不要和孩子讨论过于复杂的问题，这会造成孩子思想上的混乱。

结合生活实际进行说理。说理时，不要只是一味地讲大道理。最好结合孩子身边具体的人或事来谈，使孩子能切身体会到你所讲的道理，从而加深孩子对道理的理解和印象。当然，对生活中一些与所讲道理不相符合的阴暗面，家长也不要刻意回避，要坚决地表明自己的立场和态度，帮助孩子分清大是大非。

让孩子发表意见和想法。跟孩子说理时，不要成为家长的“一言堂”，同时也要听听孩子的想法。孩子是不是理解，如果不理解，问题出在什么地方。即使孩子理解了，又是不是能够接受。最好的办法就是引导孩子参与讨论。这样既可以锻炼孩子的表达能力，又可以增强说理教育的效果。

要给孩子申辩的机会。跟孩子说理时，孩子可能会对自己的言行进行辩解，大人应给予孩子申辩的机会。父母应该明白，申辩并非强词夺理，而是让孩子把事情讲清楚、讲明白。给孩子申辩的机会，孩子才会更加理解你所讲的道理，使教育收到良好的效果。

要了解孩子的情绪状况。孩子和大人一样，情绪好时比较容易接受不同的意见，不高兴时则容易偏激，因而跟孩子讲理，要充分了解孩子的情绪状况，在其情绪较好时，对其进行教育；若在孩子情绪低落时跟他说理，是不会奏效的。

孩子不愿交朋友怎么办

现在的孩子出现了一种“伙伴危机”。“伙伴危机”就是指现在孩子普遍缺乏伙伴，社交能力较差，不能顺利地与人建立友谊关系。针对孩子面临“伙伴危机”的情况，现代家长应适时对孩子的交友、择友进行正确引导，而不是片面地阻止孩子交友。

要鼓励孩子多串门。串门是社会交往的一种形式，可以促使孩子的性格变得更为开朗、合群，培养孩子养成团结友爱、宽厚待人、助人为乐的优良品质。但家长对孩子的串门时间、地点和礼仪要给予及时指导，要引导孩子学会并使用交往礼仪。礼仪是道德内在的一种外在表现形式，包括文明礼貌的言语动作、谦虚恭敬的待人接物态度和优雅得体的举止等。

家长应多鼓励孩子参与群体活动。根据孩子的性情，家长可以适当地让孩子“抛头露面”，多与其他人特别是陌生

人打交道。要帮助孩子克服害羞心理，提高交往的勇气。勇气是在反复实践的锻炼过程中培养训练出来的。

教会孩子自己解决问题，鼓励孩子多与成人交往。孩子从小与成人交往，对其性格形成及性别角色行为规范及其独立性、自信心、交往适应性、智力发展等方面都大有好处，并有利于孩子形成能屈能伸的性格，长大后能尽快适应新的工作和生活环境。

放手让孩子自己择友。家长应该避免以成人的观念帮孩子选择朋友。孩子自己择友的过程，也就是他学习、成长的过程。家长可在一旁多加注意，并适时给予建议，如教育孩子正确地选择交往的对象，切不可与社会上一些不三不四、游手好闲的人混在一起。还要提醒孩子提高警惕，凡是不认识的人，决不能跟他走，以免上当受骗。

要指导孩子正确地把握交往的尺度和分寸。一般说来，少年儿童的思想比较单纯，容易感情用事，有时为了小团体的利益会不顾学校的利益，不顾社会道德规范，做出越轨行为，乃至违法犯罪。加之他们精力充沛，好奇心强，而且自制力又不强，所以，常会在交往人数、时间、空间等方面不能把握适度，以致耗费大量的时间和精力，影响正常的学习。

引导封闭的孩子。对于喜欢整天泡在电脑前的孩子，家长要对孩子进行正面引导，多与孩子交谈，与孩子谈人生、谈事业；利用节假日带着孩子去走亲访友，了解变化万千的现实世界；带孩子走向大自然，去感受自然的美、社会的美，使之不仅能处理好“人机关系”，也能搞好人际关系，做到“智商”与“情商”同步发展。

培养孩子广泛的兴趣，增强自信心。友谊是建立在共同的兴趣基础上的。一个不会唱歌、不会跳舞、不爱画画、不爱活动的孩子是不会有朋友的。努力培养孩子的广泛兴趣，使他们在各种各样的活动中和同学建立友谊。

营造宽松的家庭空间。家长平时做到给孩子一个宽松的家庭空间，注意培养孩子发表意见的能力，有些事情甚至可以咨询孩子的意见，同时注意观察孩子的交往行为，给予及时指导和提醒，使孩子能适度、有益地开展交往活动，这就能有效克服孩子的“伙伴危机”。

教育孩子多注意同学的优点。不善于交朋友的孩子，常对他人进行消极评价，这是孩子为求得心理平衡，释放心中的焦虑不安的一种方式。此时，父母不可迎合孩子而指责别的孩子，而是应劝导孩子：“他今天骂你，是他不对，但昨天他给你机器人玩了，对吗?”这样可以帮助孩子学会宽容待人，发现别人的优点，从而为孩子广交朋友打下基础。

消除孩子间误会的策略

孩子间各种各样的误会经常会发生。误会，不仅会影响孩子间的团结，而且对他的身心健康也会发生不利的影响。那么，怎样帮助孩子消除伙伴之间的误会重新和好呢？父母可以这样教孩子：

心地坦然。误会总会消除，是非终有定论，只是一个时间问题而已。因此，发生误会后，教育孩子先不妨坦然置之，即进行所谓的“冷处理”。反之，如果感觉自己的孩子受了委屈，便让他到处辩白，则可能不但得不到同情，反而会让人家笑话或加深误会。

气量宽大。教育孩子对于那些错怪自己的人，不要怀有怨恨。这时，做一些“修补工作”，主动和好；反之，如果对误会意气用事，“以其人之道还治其人之身”，误会就可能成为彼此关系进一步恶化的导火线。

多关注优点。要求孩子多想想伙伴以前的好处、以往对自己的关心和照顾，要设身处地地为伙伴想一想他是不是有什么难处，是不是两个人之间没有沟通好。不要紧抓着眼前的矛盾和误会不放。要多往好处想，多想想如何解开误会。

寻根溯源。要求孩子头脑冷静地分析误会产生的根源，找到症结所在。如果责任在自己一方，不妨“有则改之”；如果不在自己一方，那也不必着急，因为“时间是澄清误会的明矾”。

对症下药。消除误会，可以采取多种方法。比如，让孩子与产生误会的人平心静气地面谈，也可转托其他人做解释。若这些方法仍不能消除误会，则可请老师或家长出面解释问题。

消除误会后，还要帮助孩子学习如何与同学和好。和好的策略有：

抓住时机，有选择地说。所谓时机，是指双方能谈得开说得拢的时候。如①在同学情绪高涨时说。此时，他会比任何时候都显得宽宏大量，能原谅别人的一般过错，也不过于计较对方的言辞。因此，告诉孩子发现与他闹别扭的同学情绪高涨时，应抓紧时机与其谈话。②在同学喜事临门时说。③在同学有和解愿望时说。④在第三者有效调解后说。

适应特点，有针对性地说。①针对同学的兴趣，从不同角度说。②针对同学的气质，从不同侧面说。如与胆汁质的人谈话时，应运用谦和的语气，从启发、自责的方面去说。与多血质的人谈话，宜单刀直入，开诚布公，以有力的事实和道理进行规劝、说服。与黏液质和抑郁质的人谈话时，就要运用“迂回战术”，多用暗示和婉转语气，商讨性地说。

尊重人格，有礼貌地说。要做到：①讲究“卫生”，不说脏话。②控制情绪，不说气话。③主动检讨，不说空话。④赤诚相见，不说假话。

如何对待孩子中的“小团体”

“最近，我孩子的电话特别多，不是别人打来，就是他打给别人，而且一聊就是半天。有时接到电话不和家长打声招呼就往外跑，要么就是一群伙伴在楼下叫他或等他。我真担心，不知孩子与什么人交往，都干些什么。怕他学坏了，有时我干脆挂断打来的电话，或者把楼下的孩子轰走。为此，孩子常常与我争吵起来。我真不知该怎么处理孩子中出现的‘团伙’现象。” 这是一个家长的陈述，可能很多家长都遇到过相似的问题，如何处理孩子中的小团体，确实是一件非常棘手的事情。

集体生活和集体关系是儿童个性发展的重要条件。自由选择伙伴、自发组织起来的“小团体”，在满足儿童活动需要方面能起一定的积极作用。当然，“小团体”对儿童的不良影响也是不容忽视的，易犯过失行为，因此，对“小团体”也不能放任自流。

那么，应如何正确对待孩子中出现的“小团体”呢？

对儿童“小团体”一般应遵循不禁不纵的原则。“小团体”对儿童有好的影响，也有不好的影响。家长要教育孩子参加正当的活动。但多数家长只看到“小团体”对儿童的不良影响，就经常把孩子关在家里，生怕跟别的孩子学坏了，这实际上不是好的教育方法。一般来说，儿童“拉帮结派”的“小团体”现象是正常的社会心理现象，也是儿童个体逐步社会化所需要的。采取禁止的办法，一方面可能造成儿童的性格异常，如孤独、不合群、胆怯、抑郁、畏生等等，反而使儿童不能很好地适应环境。

主动鼓励孩子加入健康向上的团体组织。父母可以根据孩子的兴趣爱好，鼓励他加入一些学校组织的兴趣小组，比如读书会、书画社团等。这些有组织、有纪律、比较正式的团体，对发挥孩子特长、提高孩子的社交能力是非常有好处的。

及时发现“危险团体”，并果断采取必要措施。有些“小团体”由于接触品行不好的成年人或失足青少年，加上“小团体”阅读暴力、黄色书刊等，就有可能导致“小团体”的反社会行为，如偷、盗、扒、窃和流氓活动等。对这类危险“小团体”父母要及早发现，尽早引导他们克服不良品行的苗头，对于问题严重、短期内不易取得明显效果的“小团体”，必要时可以采取瓦解的办法。但是在阻止他们与旧伙伴交往以后，要尽快地帮助他们选择新的伙伴，这样能创造好的伙伴环境来影响儿童，使他们向好的方面转化，又不会使儿童由于感到孤独或被人歧视而“破罐破摔”。

保持和谐的家庭关系。父母对子女应当保持融洽和亲切的感情。在一个家长与子女感情单薄的家庭里，儿童就会更多地与伙伴交往，以摆脱父母对自己的约束。即使父母的工作很忙，家务事很多，也应当挤时间经常与子女谈话，这样既可以增加感情，又可以了解孩子与谁交往，都玩些什么，发现问题就可以及时进行引导。

必要时，寻求学校和有关部门的帮助。若发现孩子确实加入了社会上的危险“小团体”，作为家长不要采取过激的方式处理，应耐心引导、教育孩子，并主动、及时地与学校或公安部门取得联系妥善解决。

孩子过于追星怎么办

最近，有学校以“我最崇拜的人”为题，在中学生中开展随机调查，结果出人意料，答案最多的不是父母，不是老师，也不是科学家，更不是英模，而是歌星影星。对“明星”偶像的崇拜，已成为青少年的时尚追求。少男少女们为“明星”偶像或喜或悲，甚至出走、自杀，令许多父母大惑不解，不知道孩子这样“追星”到底是对还是错。父母又该如何引导孩子的“追星”心态呢？

正确看待孩子“追星”。孩子崇拜偶像，是个体成长中的必然现象，要求青少年拒绝偶像是不现实的。大多数孩子的“追星”，仅限于收藏几张他喜欢的“星”照贴在床头，听该“星”演唱的磁带、碟片，或偶尔花钱买票听该“星”的演唱会，搜集该“星”的一些

生活资料……如果仅限于这些，父母不应横加干涉。孩子在紧张学习之余，听听流行歌曲，让生活丰富多彩些，更有利于健康成长。

父母也当一回“追星族”。喜欢娱乐是孩子的天性，孩子“追星”实际上是一种理想中的天真，也是一种激情中的盲目。父母发现孩子追星，不妨自己也同孩子一起追星。父母只有了解了孩子追的“星”，才可以和孩子谈“星”，父母对“星”发表的客观评论，对孩子的人生观与价值观的形成将起到潜移默化的影响。而且和孩子一起去“追星”，还可以对孩子进行监督，防止他过度追星。如果只是简单采取扔掉明星的CD、撕掉明星的相片等办法，不仅会让孩子回头无望，也许会酿成悲剧。

防止不健康的“追星”。孩子处于青春期，心理不成熟，阅历浅，感情容易冲动，甚至做出一些不冷静的事来。比如有的男孩，看着自己心目中漂亮性感的女明星，容易产生性冲动、性憧憬；有的女孩过于迷恋某男星，如果有某男星结婚或偷情的消息，立刻觉得“自己受骗了”，便会闷闷不乐，精神沮丧；有的少女甚至发誓非某“星”不嫁。孩子“追

星”如果追到了这种如醉如痴、神魂颠倒的地步，肯定会影响学业，影响身心健康发展。这就需要引起家长的重视，要对孩子加以正确引导。

其实“明星”跟正常人没什么两样，许多“明星”的“外在美”都是包装出来的，媒介的吹捧也是一种广告行为。父母可以跟孩子讲明这些道理，说明听歌和看影视节目，只是生活的一小部分，更多的时间应该用于学习和工作，这样才能实现自己的远大抱负。

让孩子崇拜多方面的“星”。加强榜样教育，用新的榜样取代“星”榜样。要让更多的科学之“星”、文化之“星”、英雄之“星”、劳动之“星”一起闪耀。当老师们能有更多的时间和精力带领学生去亲近历史、亲近英雄时，即使还有学生会去崇拜明星，也不会造成太大的危害。多元化的评价标准将完全可以引来更多学生对科学、对文化、对平凡中的英雄们关注的目光。让那些贡献突出的科技英杰、商界骄子、文学泰斗、政坛领袖真正“走近”学生，入眼、入耳、入脑、入心！

把崇拜转化为激励。“追星”实际上是一种榜样认同和学习，提供什么榜样或展示什么样的榜样，对青少年的成长十分重要。青少年往往把崇拜的明星当作他们人生发展的楷模、参照系以及心灵寄托，父母为孩子提供的榜样应该是富有责任感和奉献精神、创造有价值文化的楷模，而不仅仅是外表靓丽、风度潇洒、收入丰厚、生活优越的明星。父母可以对孩子自发产生的“偶像崇拜”心理和行为进行合适的干预，也可以利用有学习价值的英雄形象来创造另一种明星效应，还可以为孩子的特长搭建实践的舞台，让孩子体会到成功的快乐，把孩子的“追星”转化为对成功的自我激励。

不要总对孩子进行横向比较

在家庭教育中，有一种屡见不鲜的现象，就是许多家长为了教育自己的孩子，指名道姓地给孩子树立榜样。这些榜样，可能是孩子的同班同学，或者是亲友家的孩子，或者是同事家、邻居家的孩子，或者是大众传媒中报道过的孩子。他们有某方面突出的优点。家长教育自己的孩子，可能常说以下一些话——“看看人家多要强，看看你，赶上人家一半就不错。”“××学习多棒，你好好向人家学习学习。”“人家跟你差不多大，人家的书是怎么念的?”“××多懂事，干什么都干得好，你看你，一天糊里糊涂，就知道疯玩儿。”“我真是倒霉到家了，摊上你这么个不上进的东西。”……讲这类话的，似乎做妈妈的更多些。

这种简单地横向比较，孩子从心理上不愿接受是有原因的。

其一，父母对横比的对象并没有更多的了解，只是看到他某方面的优点，就作为榜样让孩子向他学。如果是孩子认识并了解的小朋友，他会很快想到这位小朋友存在某些缺点，于是可能反驳说：“那天体育课他跑得特慢，体育老师让他好好锻炼身体。”“同学们都不爱跟他玩儿，说他自私。”“他也有好多缺点……”

其二，父母是拿别人的优点比自己孩子的缺点，没有

全面看待自己的孩子。这样，孩子会觉得父母在贬低他，甚至觉得父母看不起他。任何一个人，都不会接受贬低自己的教育。

那么，可不可以给孩子树立榜样，怎样让孩子学习别人的优点呢？回答这个问题，父母需要做到以下几点：

满足孩子的成就感。人都有成就感，都有被别人肯定的心理需要。当父母面对自己的孩子要教育他时，不要忘了满足他这种心理需要，并让孩子感到，他在父母眼里是有不少优点的能干的孩子。

帮助孩子寻找“榜样”。人要学习哪位榜样，必定是自己在心里佩服他，然后才有学习的愿望和行动。孩子在自我意识发展过程中，常常在寻找评价自我的具体参照，榜样会不断地走进他的心里。家长所要做的，是注意孩子的“寻找”，可以经常在交谈中自然地议论一些可能的对象，听听孩子的评价，看看孩子的态度，适时表明自己的看法，对孩子的正确意识加以强化。

给孩子接触榜样的机会。不管是同学中的，还是亲友、邻居中的榜样，要首先创造自己孩子与人家交往的机会，让他们有时间一起玩儿，一起学习，一起谈论问题。在接触中，孩子们可以使感情更融洽，又可以互相影响。家长不仅要及时了解情况，有时还需要参与其中，比如文体活动、郊游、参观等。家长应注意只是参与，不要居高临下指挥一切。

当孩子发自内心地议论别人的优点时，及时给予强化。强化的方法，不能简单生硬，比如不可以说：“人家的优点突出，你应好好向人家学习。”或者说：“你早就应该向人家看齐了。”应该带有暗示性地发表意见：“我同意你的看法，他的确做得不错。”或者说：“我也很感动，其实你有些地方做得也挺好。”

家长真心向别人学习。家长也应有自己的榜样，大众传媒中宣传的典型、同事中或亲友中的某些人，许多方面都有值得自己学习的地方，应该真诚地表示出自己向人家学习的愿望并付诸行动。

学习孩子的长处。每个孩子都有长处，有的地方甚至比家长还做得好。家长应放下架子，自己哪一点不如孩子，就认真地向孩子学习。在家庭教育成功的经验中，有不少家长以孩子为“小老师”，反而会促进孩子向更高标准努力。

多做纵向比较。家长们应该改变总爱横比的思维定式，经常把孩子的情况做纵向比较，发现孩子的点滴进步，及时肯定。这种肯定要实事求是，发自内心，不能假惺惺。

参考书目：

1.创造大未来——学龄儿童的家庭教育　王小龙主编　余红宁编著　中国纺织出版社　2001 年

2.我们教育孩子的方法　邵夏珍编著　中国商业出版社　2002 年

3.和孩子一起成长　陈淑娟著　浙江人民出版社　2004 年

4.改变孩子的坏习惯　董卿媛著　中国轻工业出版社　2001 年

5.儿童 EQ 培养　陈若云编著　广东人民出版社　2000 年

6.让孩子不同凡响　胡玲莉编著　中国商业出版社　2002 年

7.家庭教育　陈鹤琴著　教育科学出版社　1981 年

8.家庭教育金点子　黄河清编著　上海人民出版社　2004 年

9.中国家长的误区　白延贤等著　中国华侨出版社　2005 年

10.21 世纪我们这样做家长　卫华编著　中国商业出版社　2001 年

11.走出家庭教育的误区　吴垒、赵建华、田夫编　四川科学技术出版社　2001 年

12.成长的问题　周家望主编　北京出版社　2004 年

13.中国家庭教育网　http://www.jiaj.org